职业教育新形态教材

国际船舶代理实务
（第2版）

主　编　陈　静
副主编　刘　杨　张宇诺

中国财富出版社有限公司

图书在版编目（CIP）数据

国际船舶代理实务 / 陈静主编 . -- 2 版 . -- 北京：中国财富出版社有限公司，2024.10. -- ISBN 978 - 7 - 5047 - 8191 - 8

Ⅰ . F551.4

中国国家版本馆 CIP 数据核字第 2024EE2438 号

策划编辑	李　丽	责任编辑	郭怡君　钮宇涵	版权编辑	李　洋
责任印制	梁　凡	责任校对	孙丽丽	责任发行	于　宁

出版发行	中国财富出版社有限公司			
社　　址	北京市丰台区南四环西路 188 号 5 区 20 楼		邮政编码	100070
电　　话	010 - 52227588 转 2098（发行部）		010 - 52227588 转 321（总编室）	
	010 - 52227566（24 小时读者服务）		010 - 52227588 转 305（质检部）	
网　　址	http：//www.cfpress.com.cn		排　　版	宝蕾元
经　　销	新华书店		印　　刷	北京九州迅驰传媒文化有限公司
书　　号	ISBN 978 - 7 - 5047 - 8191 - 8/F · 3711			
开　　本	787mm×1092mm　1/16		版　　次	2024 年 10 月第 2 版
印　　张	14.25		印　　次	2024 年 10 月第 1 次印刷
字　　数	295 千字		定　　价	49.00 元

前　言

交通运输部印发的《水运"十四五"发展规划》中指出，要提升港航服务国际化水平，推动船舶代理等传统航运服务业转型升级。在新形势下，船舶代理企业需要从服务质量、技术规范等方面不断创新，转型升级，这对从业人员的知识、能力及素质提出了更高的要求。《国际船舶代理实务》第 1 版于 2013 年出版，已在全国多所职业院校使用，获得了广泛的认可，但由于出版时间较早，教材内容和形式均需要更新。为了反映当前船舶代理行业的政策法规、技术与服务规范，提高船舶代理教学效果，我们对第 1 版教材进行了修订。

根据党的二十大报告指出的"全面贯彻党的教育方针，落实立德树人根本任务，培养德智体美劳全面发展的社会主义建设者和接班人"的要求，本教材作为培养高素质、复合型船舶代理人才的知识载体，旨在加快推进党的二十大精神进课堂、进头脑，培根铸魂、启智增慧，助力培养适应时代要求的航运人才。

在本教材修订之前，我们对若干大中型国际船舶代理企业进行了深入调研，总结出当前船舶代理企业主要工作岗位，进而依照船舶代理工作岗位重构教材内容，并引入船舶代理企业的主要岗位指导书、业务单据、常见英文函电等，实现教材与工作手册的融合，帮助学习者深入了解船舶代理主要岗位职责、业务内容及与工作相关的英语知识。

本教材基于国际船舶代理工作过程和岗位任务来构建情境单元，并依据各情境单元的教学目标对教学内容进行项目化教学设计。本教材共七个模块，分别阐述了国际船舶代理市场营销、进出口计划、值班调度、外勤业务、商务结算，以及集装箱进出口操作代理、国际船舶代理综合服务等内容。这些内容是国际船舶代理实际工作中必须掌握的业务知识。

此外，为方便教师教学，本教材配有电子课件、教学指南及习题的参考答案（电子版）等。请有需求的读者登录中国财富出版社官网（www.cfpress.com.cn）下载或扫描下面的二维码获取。

本教材由天津海运职业学院的陈静担任主编，由天津海运职业学院的刘杨和张宇诺担任副主编，并由陈静进行总体设计、修改和统稿。编写分工为：模块一、模块二、模块七由陈静编写；模块三、模块四由刘杨编写；模块五、模块六由张宇诺编写。

本教材在编写过程中得到了天津中远海运船务代理有限公司、上海上港联合国际船舶代理有限公司、中国秦皇岛外轮代理有限公司等公司的国际船舶代理企业专家的热情指导与帮助，在此向各位专家表达诚挚的感谢！

由于编者水平有限，书中难免存在疏漏，敬请读者和专家斧正。

编 者

扫码获取更多资料

目　录

教学目标

知识目标

掌握船舶代理营销员的岗位职责和工作内容；掌握国际船舶代理关系的分类；熟悉船舶代理协议。

技能目标

能够利用所掌握的业务知识和营销技巧向客户推介本公司；能够从事市场调研工作，收集有效的市场信息；能够与客户顺利洽商，促成国际船舶代理关系的建立。

思政目标

感知国际船舶代理市场营销工作中诚实守信、严谨认真的职业精神，培养服务意识，提升法治素养。

知识要点结构图

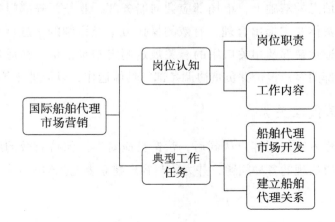

岗位认知

一、船舶代理营销员岗位职责

（1）从公司效益的角度出发，以为客户提供优质的服务为宗旨，致力于开拓船舶代理市场。

（2）积极掌握市场信息，在短时间内做出准确的决策，全力以赴地为公司获取船舶代理业务。

（3）协助船务部及其他部门，使公司的船舶代理业务操作水平保持在最佳状态，为公司开拓市场提供有效的保障。

二、船舶代理营销员工作内容

（一）市场开发

1. 市场宣传

市场宣传是扩大公司市场影响范围、提高公司知名度的有效手段。

2. 市场信息搜集与管理

船舶代理营销员（简称营销员）应该清楚客户的需求和期望，清楚本公司的优势，了解竞争对手的情况。为此，营销员应该收集准确、完整的市场信息，并在获得相关信息时积极与潜在的客户接触，以进一步了解客户需求，向客户推介公司的服务，以期获得客户的最终认可。

（二）业务促成

在获取相关信息的基础上，市场部应会同船务部、业务部等部门的人员在最短时间内根据客户的具体要求提出合理、有效的操作方案及详细的实施计划，同时，应会同财务部根据交通运输部及相关口岸的有关规定制定初步报价。在得到公司主管人员批准后，由市场部向客户报价并负责协调各部门具体运作，以促进业务的达成。

（三）建立代理关系

在报价和操作方案得到客户认同后，营销员应对客户保持有效的跟踪，掌握客户的动态，及时解决出现的各种问题，并力争与客户建立委托代理关系。

（四）业务跟踪与反馈

在与客户建立委托代理关系之后，营销员应注意协调客户与各部门的合作关系。在业务完成后，营销员还应定期回访客户，了解客户满意度，并根据客户不同时期的不同要求，及时通报公司各部门，以便调整操作方案，满足客户要求。对于客户的不满及投诉，应及时分析原因，提出解决方案。

任务一 船舶代理市场开发

任务导入

天津红星国际船舶代理有限公司为了提高效益，需要进行市场开发。假设您是该公司市场部的一名营销员，请您做好市场宣传，并提前收集相关信息，顺利完成向潜在客户推介的工作。

任务分析

市场营销是船舶代理业务的起点，是代理业务的重要方面。船舶代理市场营销的目的是在满足客户需求的同时，获得船舶代理权，实现双赢。市场开发是市场营销工作的重点。要做好市场开发工作，营销员必须具备良好的业务素质，掌握一定的销售技巧，并掌握以下业务知识。

任务实施

一、认识国际船舶代理人

（一）国际船舶代理人的定义

若在世界各港口之间进行客货运输的国际航行船舶停靠于船舶所有人或船舶经营人或船舶承租人自己不能提供船舶服务或办理有关船舶手续的港口，那么船舶所有人或船舶经营人或船舶承租人可能无法亲自照管船舶和办理船舶在港口的营运业务，此时就需要委托当地的国际船舶代理人照管船舶和办理船舶在港口的营运业务。

《中华人民共和国国际海运条例》及《中华人民共和国国际海运条例实施细则》给出了国际船舶代理经营者的定义。国际船舶代理经营者，是指依照中国法律设立的中国企业法人，接受船舶所有人或者船舶承租人、船舶经营人的委托，经营下列业务：办理船舶进出港口手续，联系安排引航、靠泊和装卸；代签提单、运输合同，代办接受订舱业务；办理船舶、集装箱以及货物的报关手续；承揽货物、组织货载，办理货物、集装箱的托运和中转；代收运费，代办结算；组织客源，办理有关海上旅客运输业务等。因此，可以将国际船舶代理人表述为：国际船舶代理人是接受船舶所有人或船舶承租人、船舶经营人的授权，在授权范围内代表委托方办理船舶进出港及与船舶有关的其他业务的中国企业法人。

（二）国际船舶代理人的作用

1. 桥梁作用

国际船舶代理人可以在委托方、船方和口岸各有关单位之间传递信息，起到桥梁作用。如在船舶到港前，船舶所有人或船舶经营人或船舶承租人（统称为船方）等将船舶到港装卸货物的情况和预计船期等信息告知国际船舶代理人；国际船舶代理人根据船方提供的信息和口岸管理规定，将相关信息转告海关、边防检查站和海事局、港口装卸公司、理货公司、船舶供应公司等口岸各有关单位；船方和口岸各有关单位可以根据国际船舶代理人提供的信息做好船舶抵港前的准备工作。船舶在港期间，国际船舶代理人及时将船舶在港的动态，如船舶进港、靠泊、移泊、装卸、修理等情况告知委托方；在船舶离港后，国际船舶代理人及时告知委托方船舶离港的情况，使委托方及时掌握船舶动态等信息。

微课：船舶进出口岸查验机构

2. 协调作用

在船舶运输的过程中，或者当发生争议时，国际船舶代理人可以协助船方、港方、货方等妥善解决问题，起到协调作用。如当船舶在船期、装卸作业以及其他服务上有特殊要求时，国际船舶代理人能够在委托方和港方及其他相关单位之间进行协调，并尽可能使问题得到圆满解决。如果船方和货方对装卸货物数量、质量存有争议，或者船舶在港期间发生船舶碰撞、火灾等事故，国际船舶代理人能够运用自己的专业知识和工作经验来协助船方妥善解决相关事宜。

3. 专业服务作用

国际船舶代理人能够及时、准确、高效地完成委办事项，起到专业服务作用。国际船舶代理人的本职工作是利用自身知识、经验和资源，为委托方办理船舶进出港口手续，办理船舶、集装箱以及货物的报关手续，代收运费和代办结算，组织货源等。

国际船舶代理人熟悉相关法律和港口惯例，能够为委托方提供专业的服务。

4. 降低成本作用

在完成委托办理事项的过程中，国际船舶代理人能够合理安排各项工作，减少委托方不必要的支出，起到降低成本的作用。

（三）国际船舶代理人的业务范围

根据《中华人民共和国国际海运条例》第二十条规定，国际船舶代理经营者接受船舶所有人或者船舶承租人、船舶经营人的委托，可以经营下列业务。

（1）办理船舶进出港口手续，联系安排引航、靠泊和装卸。

（2）代签提单、运输合同，代办接受订舱业务。

（3）办理船舶、集装箱以及货物的报关手续。

（4）承揽货物、组织货载，办理货物、集装箱的托运和中转。

（5）代收运费，代办结算。

（6）组织客源，办理有关海上旅客运输业务。

（7）其他相关业务。

由于不同船舶、不同航次的运输任务不同，因此在不同情况下，国际船舶代理人所办业务不同。我国有些国际船舶代理公司的《业务章程》中所规定的业务范围比《中华人民共和国国际海运条例》规定的业务范围更具体。以下是我国某国际船舶代理公司《业务章程》中所规定的业务范围。

1. 船舶进出港业务

（1）办理船舶的海关申报和办理口岸有关检验、检疫手续。

（2）办理船舶引航、靠泊、拖带。

（3）船舶检验、修理、扫舱、熏舱；海上救助。

（4）治办海事处理、买卖船舶和租船在港交接手续等。

2. 货运业务

（1）联系安排货物装卸、货舱检验、理货、交接中转、储存、理赔。

（2）代船方承揽货载。

（3）同港方签订滞期/速遣协议和结算。

（4）代船方签发提单、计收运费、代付各种款项和费用。

（5）代货主租船订舱和缮制货物运输单证等。

3. 代办集装箱业务

（1）办理集装箱进出口申报手续，联系安排装卸、堆存、运输、拆箱、清洗、熏蒸。

（2）治办集装箱的建造、修理、检验。

（3）办理集装箱的租赁、买卖、交接、转运、收箱、盘存，以及签发集装箱交接单证。

4. 船舶供应业务

办理船舶燃料、淡水、物料、伙食供应，代购、转送船用备件、物料等。

5. 其他服务性业务

办理船员调换、遣返、出入境手续、就医、参观游览、船员家属探望、信件传递，以及其他船上临时委托办理的事项等。

（四）国际船舶代理行业的特征

国际船舶代理行业是一个较小的行业。它之所以能独树一帜，成为一个行业，是由它的行业性质和特征所决定的。

1. 服务性

国际船舶代理行业的价值在于：船舶代理在服务好委托方的同时起到了成为船方（包括船东、租家、船舶经营人、无船承运人、船员公司等）、港方（包括港口当局、监管和检验部门、检查单位、装卸公司、供应和修理及其他服务单位等）和货方（包括进出口商、收发货人、货物代理人等）之间的桥梁和纽带的作用。缺少船舶代理的服务，很难想象船舶能顺利进出口岸、港口，能顺利装卸货物，国际贸易能顺利进行。因此，船舶代理服务直接关系船方、港方、货方的利益和国家外贸政策的推行，这在我国外贸占国民经济很大比重的今天尤为重要。

2. 专业性、业务性

国际船舶代理行业的专业性和业务性表现在：它是专门为国际贸易和国际航行船舶服务的，是在委托之下进行的，是独特而无可替代的。船舶代理是为国际海上运输服务的，而国际海上运输来源于国际贸易，所以船舶代理也是为国际贸易服务的。国际贸易量的80%~90%是通过海上运输实现的，因此船舶代理工作对国际贸易的促进作用是显而易见的，而对国际航行船舶的进出港口、船舶及货物的报关、货物的装卸速度、船期的缩短、效率的提高等，更是起着至关重要的作用，这也是其他工作所无法替代的。

3. 国际性

国际船舶代理行业所代理的是航行于国际航线的各类船舶，即国际贸易货物运输船舶、国际旅游船舶及其他航行于国际航线的特种船舶。这些船舶所载的货物是国际贸易货物，所载的旅客是旅行于国与国之间的旅客，所进行的活动是国家（地区）与国家（地区）之间的活动，其船员来自世界各地。因此，国际船舶代理业务不仅涉及本国经济利益，还涉及他国经济利益；不仅涉及有关国家的法律，还涉及很多国际法规。这项业务的开展不仅直接影响有关公司之间的经济利益和关系，还直接或间接影响国与国之间的关系。

二、掌握营销技巧

（一）面谈的技巧

面谈的目的大致有三个：引起客户的注意，引起客户的兴趣和顺利转入面谈。

1. 提示面谈法

营销员采用语言对客户进行暗示、建议、启发、示意等的面谈方法即提示面谈法。比如营销员对客户说："××公司委托了一条船给我们，他们对我们上一航次的代理服务非常满意。"

2. 请求成交法

比如营销员对客户说："您刚才提到的问题都解决了，请问什么时候可以委托我们呢?"

3. 小点成交法

先从小船的委托代理开始，可以减轻客户的心理压力，等小船的委托代理做好了，再争取大船的委托代理就比较容易了。

4. 从众成交法

比如营销员对客户说："最近几家船公司新开辟的班轮航线都委托了我们公司，他们对我们的服务很满意，请问贵公司什么时候提供给我们一个服务机会?"

（二）与客户交往的技巧

1. 交友要有长远的眼光

营销员平时要常同一些大客户沟通交往。此外，对客户身边的其他人员要多留意，与其保持良好关系，一旦他们晋升成重点人物，对今后开展业务是很有益的。

2. 亲近客户要循序渐进

与客户亲近应遵循一个法则："一回生，二回半生不熟，三回才全熟。"这是因为人人都有戒心，在与人交往的过程中应用真诚的态度逐步接近客户，打破客户的戒心。这个过程不能操之过急。

亲近客户的方法主要有：了解客户的兴趣爱好；多与客户聊天；多肯定客户的行为；使用恰当表情回应客户；找出与客户的共同点；多征求客户意见；表现出自己关心对方；记住客户"特别的日子"等。

3. 应对拒绝的策略

（1）如果客户犹豫不定或未经深思熟虑就拒绝我方，那么我方应多接近客户，采用恰当的方法使其充分和全面了解我方。

（2）如果客户对我方有比较深入的了解，经过分析、对比、反复权衡后选择拒绝，那么我方应了解清楚所提供服务的缺陷或给对方造成的损失。假如客户是出于固执的偏见而拒绝我方，那么我方应解释清楚并用真诚的行动去感化对方，使之改变偏见。

（3）如果客户拒绝我方是出于某种心理需要，而不愿把真正的原因说出来，用某些不真实的理由搪塞我方，那么我方应尽可能弄清其拒绝的真正原因，然后再采取相应的对策，或解释说服，或等待时机。对方不愿说出真实理由的原因很多，可能是因为我方提出的要求对方无法满足，但又羞于说出己方能力的不足；也可能是因为对方对我方当事人不放心，但又不好意思说出来；还可能是决策人意见不一致，觉得没必要把实际情况告诉我方。对于这种客户，我方一定要具体情况具体分析。

4. 要重视承诺

我方可以说："不能保证一定没问题，但我方保证竭尽全力去做。"做不到的事千万不能随意承诺。

5. 应注重商务礼仪

（1）对初次见面的客户，一般立于其旁边能增进亲近感。谈话时，相距50厘米通常能给对方留下好印象。当客户来访时，最好在会客室有会议桌的条件下接待。

（2）坐椅子时，浅坐坐姿会令人感到有积极性。

（3）说话时注视客户的眼睛，既能让对方感受到对他的尊重，又能提高所说内容的说服力。当与两个以上的人谈话时，不要只注视一人，要让每位客户都感觉到是在与他们一起谈话。

三、市场宣传

（一）宣传形式

宣传是进行市场营销的重要手段。船舶代理常用的宣传形式如下。

（1）利用网络、航运杂志等介绍公司的服务。

（2）邀请潜在客户参加座谈会。

（3）登门拜访客户。

（二）宣传准备工作

对于比较重要的客户，船舶代理常常选择登门拜访。在拜访客户之前，营销员一般需要做好以下准备工作。

（1）要根据货类、租家、船东等情况筛选潜在的客户。

（2）要确定推销的地点和时机。

（3）要准备好详尽的资料，如泊位作业情况、航道水深、潮汐表等。

（4）要了解客户档案中的相关信息。

（5）要准备好船舶代理公司的宣传材料。

（6）要准备好名片、纸张、文具、小礼品等。

（7）要准备好笔记本电脑和演示材料。

在登门拜访客户时，营销员要给客户留下良好的印象，吸引对方的关注并赢得其青睐。在必要的寒暄过后逐渐进入主题，根据客户的需求和意图进行有针对性的推介宣传，并随时回答客户的提问或消除客户的疑虑。在与客户交谈的过程中，营销员要留心观察客户在委托代理方面的疑虑，主动用真诚的态度、巧妙的语言给客户解释和提供咨询服务，消除客户心理上的各种障碍。

在拜访客户后，营销员还应向客户发电子邮件、传真或信函致谢，并针对客户提出的问题或要求尽快予以回复。

四、信息收集与管理

（一）信息分类

1. 内部信息

内部信息包括公司管理和经营的相关文件，业务统计资料，收入和成本分析资料，客户信息，市场占有率分析资料，营销宣传资料，半年和年终总结等。

2. 外部信息

外部信息包括相关法律法规和国家政策，与运输和贸易有关的信息，竞争对手信息，港口信息，客户反馈信息，国际航运规则等。

（二）信息收集渠道

1. 收集客户信息

（1）在日常业务接触中收集信息，如在询价过程中收集客户信息等。

（2）通过港口、运输、仓储单位、行业协会等提供的进出口货物流向落实进出口货物经营单位。

（3）通过查阅舱单（载货清单）等资料收集客户信息。

（4）通过媒体如互联网、电视、报刊等收集客户信息。

（5）通过区域性或全国性的销售活动获取信息。

（6）通过自身渠道获取信息。

（7）通过合作伙伴、其他客户推荐获取信息。

（8）通过查阅企业内部和外部的各种资料，如《业务谈判记录》等寻找潜在客户。

（9）通过 *Lloyd's Maritime Directory* 确定船舶的 Inmarsat No. 后，可以联系船长找原船东或船舶经营人的通信方式，进而找到船舶经营人。

2. 收集服务信息

（1）在寄送船舶港口使费账单时或在船舶开航后，应随船舶港口使费账单或单独向委托方寄送"客户意见征询表"，并将委托方的反馈意见提交业务部门。

（2）向船长发送书面征询建议表，或登轮征询船长对港口操作和代理服务的建议。

（3）定期给客户发送征询意见表。

（4）通过拜访客户，收集客户对代理服务的建议。

（5）组织并开展研讨会议。

（6）设立客户投诉渠道。

3. 收集货物信息

（1）通过拜访客户得到货物信息。

（2）通过交易会、贸易展览会、客户座谈会等收集货物信息。

（3）通过政府管理部门等了解审批、立项、合同订立、项目执行情况。

（4）通过海关了解国内各地区的货物进出口情况。

（5）从货主的计划和合同中了解货主的货源情况。

（6）从船东、租家、船舶经纪人、货主之间签订的海上运输合同和租约中了解货运业务量等情况。

（7）根据港口全年各种货类完成的情况收集货物信息。

知识卡片

中国船舶代理及无船承运人协会

中国船舶代理及无船承运人协会（China Association of Shipping Agencies & Non-Vessel-Operating Common Carriers，CASA）是由从事船舶代理业务和无船承运业务的企业自愿结成的全国性、行业性社会团体，于 2001 年 6 月 8 日在北京成立。它是按照中华人民共和国国务院颁布的《社会团体登记管理条例》规定，在中华人民共和国民政部注册登记的全国性社会团体，依法享有社团法人资格，接受交通运输部的业务指导和民政部的监督管理。

一、组织机构

CASA 遵守国家法律，贯彻政府航运政策，以行业服务为中心开展活动。目前，其有会员单位 380 余家，其中，理事单位 53 家，常务理事单位 20 家。秘书处为日常办公机构，设有办公室、行业事务部、对外联络部和信息资料部四个部门。其在山东、上海、广东设立办事处。

二、成立宗旨

CASA 的宗旨：按照国家行业主管部门的有关规定，协助主管部门实施行业管理，维护我国船舶代理行业和无船承运业利益，保护会员的正当权益，加强会员单位的联系，帮助会员提高管理水平和服务质量，促进我国船舶代理业和无船承运业的健康发展。敦促会员维护船方和其他委托方利益，树立中国船舶代理行业和无船承运业的良好形象，为我国的航运事业做出贡献。

三、主要活动

（一）规范船舶代理费收行为

1994 年，交通部曾发布《航行国际航线船舶代理费收项目和标准》，当时我国的船舶代理行业由国家来确定收费标准。2003 年 12 月 2 日，《航行国际航线船舶代理费收项目和标准》被废止，船舶代理行业价格由国家定价改由市场定价。由于船舶代理市场竞争的需要，个别船舶代理公司采用低价进行竞争，船舶代理费率变化很大。2004 年 6 月，为使船舶代理费率在相对稳定的范围内变化，规范船舶代理市场价格行为，保证船舶代理行业的健康有序发展，CASA 公布了《航行国际航线船舶代理费收项目和建议价格》。这一建议价格的推出，为规范我国目前尚不成熟的船舶代理市场价格行为起到了积极作用。该建议价格在实践中起着指导性的作用。

（二）换发《国际船舶代理经营资格登记证》（以下简称《登记证》）

船舶代理公司必须在有效期截止前换发新的《登记证》，逾期没有换发的，视为自动放弃经营资格，不得继续经营船舶代理业务。对不符合《中华人民共和国国际海运条例》及其实施细则规定的企业将不予换发新的《登记证》，并依法对船舶代理经营活动的违规行为进行处罚。

CASA 所做的换证工作是贯彻《中华人民共和国国际海运条例》及其实施细则的重要内容，是加强对船舶代理企业监督和管理的重要环节，对了解国际海运企业经营现状和评估相关法律制度具有重要意义。

（三）行业咨询

CASA 提供行业新闻，如船舶代理行业新闻，也提供航运、经贸新闻，还公告相关政策，以供会员单位了解相关的信息及发展动向。

德润匠心

绿色服务——延长船舶代理服务链，助力港口绿色转型

在追求"双碳"目标的背景下，港口作为能源消耗和碳排放的重要领域，其绿色转型刻不容缓。岸电技术的推广和应用，正是实现这一转型的关键。通过采用岸电技术，船舶在停靠港口期间可以关闭辅机，使用码头提供的岸电电源，从而显著减少污染物的排放，降低噪声污染，改善船员的工作和生活环境。

上海上港联合国际船舶代理有限公司（以下简称上港联代）积极响应这一绿色转型的号召，他们不仅提前收集船舶岸电设备的相关资料，在"沪上岸电"系统中记录使用情况，同时为了提升船舶代理的地位，提高与船公司的黏性，还主动承担起协调岸电连接的具体事宜，确保码头工程人员和船上船员之间的沟通顺畅，高效完成岸电连接操作，有效避免了因沟通不畅可能引发的安全隐患。

面对船方对现场协调岸电连接的需求，上港联代与兄弟公司紧密协作，精心策划并成功实施了岸电连接工作。在"美博马士基"轮的岸电连接工作中，他们与船方通力合作，在没有船方指定工程师的情况下，克服电缆兼容性问题等困难，成功并网送电，为船方提供了高效、专业的服务。

此次绿色服务实践的成功，不仅体现了上港联代在岸电服务中的专业实力，也展示了他们为客户提供绿色、增值服务的热情，以及他们与合作伙伴携手推动航运业可持续发展的决心。

任务二　建立船舶代理关系

任务导入

天津红星国际船舶代理有限公司拟与胜利航运有限公司建立长期代理关系。假设您是天津红星国际船舶代理有限公司的营销员，请您负责与胜利航运有限公司洽谈签订长期代理协议的相关事宜，并顺利完成代理协议的签订。

任务分析

船舶代理市场营销的最终目的是获得代理权，与委托方建立代理关系。由于国

际船舶代理关系有多种类型，因此，为完成此任务，营销员需要掌握国际船舶代理关系的概念和分类，理解班轮运输和租船运输的相关概念，并具有用英语与客户进行商务会谈的基本能力。

任务实施

一、了解船舶营运方式

（一）班轮运输

1. 班轮运输的概念

班轮运输（Liner Shipping）又称为定期船运输，它是指船舶按照事先制定的船期表，在特定的航线上，以既定的挂靠港口顺序，经常性地从事航线上各港口之间的船舶运输。

20 世纪 60 年代后期，随着集装箱运输的发展，班轮运输又进一步分化为传统的杂货船班轮运输和集装箱船班轮运输。由于使用集装箱船进行运输装卸方便快捷，货运质量高，而且便于开展多式联运，因此集装箱船班轮运输逐渐取代了传统的杂货船班轮运输。

2. 班轮运输的基本特点

（1）在货物装船之前，船货双方通常不书面签订运输合同或租船合同，而是在货物装船以后，由船公司或其代理签发提单，并以此为依据处理运输中的问题。

（2）承运人在装货港指定的码头仓库接收货物，并在卸货港的码头仓库向收货人交付货物。

（3）承运人负责包括装货、卸货和理舱在内的作业及相关费用。

（4）承运人与货主之间不规定装卸时间，也不计算滞期费和速遣费。

3. 班轮运输的关系方

在班轮运输中，通常会涉及班轮公司（船公司）、国际船舶代理人、无船（公共）承运人、货运代理人、托运人、收货人、货物装卸人、理货人等有关货物运输的关系人，以及海关、检验检疫机构、银行、保险公司等。

4. 班轮运输的业务流程

（1）揽货

揽货是指从事班轮运输经营的船公司为使自己所经营的班轮运输船舶能在载重量和舱容上得到充分利用，力争做到满舱满载，以期获得最好的经营效益而从货主那里争取货源的行为。通俗地说，揽货就是船公司寻求货源、出售舱位给货主的市场营销。

（2）订舱

订舱是指托运人或其代理向承运人，即船公司或它的营业所或代理机构等申请货物运输，承运人对这种申请给予承诺的行为。

订舱应考虑如下因素：承运人，船期，运费率，航线、停靠港口、是否转船等，装货港，集装箱种类、数量、规格、有无温度要求，目的港，货物是否属于危险品，信用证结算的要求。

（3）装船

装船是指托运人应将其托运的货物送至码头承运船舶的船边并进行交接，然后将货物装到船上的行为。

（4）卸货

卸货是指将船舶所承运的货物在卸货港从船上卸下，交给收货人或其代理人，并办理货物交接手续的行为。班轮运输通常采用集中卸货的办法。

（5）交付

交付是船公司凭提单将货物交付给收货人的行为。一般做法是采用"集中卸船，仓库交付"的形式。

（二）租船运输

1. 租船运输的概念

租船运输（Tramp Shipping 或 Shipping by Chartering）又被称为不定期船运输。它是一种既没有确定的船期表，也没有固定的航线和挂靠港口，并且根据货源情况，安排船舶就航的航线，组织货物运输的船舶营运方式。

租船运输是通过船东（Shipowner）与租家（Charterer）签订运输合同来进行海上货物运输的基本营运方式。在这种营运方式下，船东提供给租家使用的可以是整条船，也可以是部分舱位。

2. 租船运输的基本特点

（1）依据租船合同明确船东与租家的权利、义务、责任与风险。船东与租家要先签订租船合同才能安排船舶营运。租船合同中除了规定船舶就航的航线、载运的货物种类及停靠的港口，还需具体订明双方的权利、义务、责任与风险。

（2）租船运输的运费或租金水平的高低，直接受租船合同签订时的航运市场行情波动的影响。世界的政治经济形势、船舶运力供求关系的变化，以及通航区域的季节性气候条件等，都是影响运费或租金水平高低的主要因素。

（3）没有确定的航线、船期和挂靠港。船舶的航线、航行时间和货载种类等要按照租家的要求来确定。

（4）租船运输中有关船舶营运的费用及开支取决于不同的租船方式，由船东和租家分担，并在租船合同中订明。

（5）特别适合整船或整舱大宗散货的运输。租船运输主要服务于专门的货运市场，承运大宗散货，如谷物、油类、矿石、煤炭、木材、砂糖、化肥、磷灰土等，并且一般是整船装运。

3. 租船运输的方式

（1）航次租船

航次租船（Voyage Charter）又称为程租，是指船东（船舶出租人）提供船舶，在约定的港口之间运送合同约定的货物，进行一个航次或数个航次的租船方式。船东提供给租家使用的可以是整船，也可以是部分舱位。航次租船运输的主要特点是由船东负责船舶的调度、营运工作及相关费用，船东只向租家收取约定的运费。

（2）定期租船

定期租船（Time Charter）又称为期租，是指船东把船舶租给租家，使之在预定的期限内按合同约定的用途使用，并由租家支付租金的租船方式。在租期内，租家根据合同规定的航行区域自行安排挂靠港口、货载及调度，并承担相应的费用。租期一般以月或年来计算。租金以每天或载重吨为单位按月支付。

（3）光船租赁

光船租赁（Bareboat Charter）又称为光租，是指船东向租家提供不配备船员的空船，在约定的期间内，由租家占有、使用和营运，并向船东支付租金的租船方式。

严格地讲，光船租赁并不具有承揽运输的性质，而是一种财产的租赁。租期内，租家从船东那里租用一艘空船，占有并负责船舶的营运、管理，承担全部的营运费用和航次费用。同时，租家要负责船长、船员的配备、补给，发放工资、补贴等。所以，光船租赁也称船壳租赁。

（4）航次期租

航次期租（Time Charter on Trip Basis，TCT）是指以完成一个航次运输为目的，按完成航次所花的时间计算租期，按约定的租金率计算租金的一种租船方式。

航次期租下的租期以船舶航次为限，类似于航次租船，但是船东收到的不是航次租船中的运费，而是类似于定期租船中的租金，它是一种介于航次租船和定期租船之间的租船方式。在装卸港和或航线航行条件较差，难以掌握一个航次所需时间的情况下，这种租船方式对船舶所有人比较有利，因为采用这种租船方式可以使船舶所有人避免因难以预测的情况导致航次时间延长所造成的船期损失。

（5）包运租船

包运租船（Contract of Affreightment，COA）是指船舶所有人以一定的运力，在确定的港口之间，按事先约定的时间、航次周期和每航次较均等的货运量，完成运输合同规定的全部货运量的租船方式。

包运租船的特点主要有五点。第一，包运租船合同中不确定船舶的船名及国籍，仅规定船舶的船级、船龄和船舶的技术规范等，船舶所有人只需按照这些要求提供能够完成合同规定每航次货运量的运力即可。这对船舶所有人在调度和安排船舶方面是十分灵活、方便的。第二，租期的长短取决于货物的总量及船舶航次周期所需的时间。第三，船舶所承运的货物主要是运量特别大的干散货或液体散装货物，承租人往往是业务量大和实力强的综合性工矿企业、贸易机构、生产加工集团或大型石油公司。第四，船舶在航行中因时间延误造成的损失和风险由船舶所有人承担，而船舶在港装、卸货物期间所产生的延误，则通过合同中订有的"延滞条款"的办法来处理，通常是由承租人承担船舶在港的时间损失。第五，运费按船舶实际装运货物的数量及商定的费率计收，通常按航次结算。

4. 租船货物装运手续与程序

（1）签发装货单

租船合同订立后，托运人备妥货物，即可请求承运人签发装货单，待相关手续办妥之后，可将出口货物运至装货港口，向海关申报通关。

（2）宣载与装船

承运人将船舶开抵装货港并完成一切装货准备之后，由船长向托运人签发装货准备就绪通知书（Notice of Readiness），以书面形式宣布本航次装运货物的实际数量。托运人在此文件上签字后，立即依运输合同的规定开始装船，以免产生滞期费。

（3）装船时间计算

在租船运输中，船方通常不负责货物在装卸港的装船与卸船及其费用。但船方必须向港务当局缴纳港口使用费，该费用一般按船舶在港停泊时间计算。

（4）货量检测

货物装船后，一般由货主委请公证机构会同船方，按照装船前后船舶吃水的情况，检测装船货物的重量。

（5）签发大副收据

货物装船完毕后，由船上大副向货主签发大副收据，证明装船货物的状况，并作为换取提单的依据。

（6）支付运费，换取提单

货主按照租船合同的规定（CIF 或 CFR 条件）向承运人支付运费，并以大副收据向承运人换取正式提单。该提单是依据租船合同签发的，通常称为租船提单，它与班轮提单有所不同。

（7）寄送装船通知

这一手续与班轮运输一致。

二、明确国际船舶代理关系

（一）国际船舶代理关系的概念

国际船舶代理关系就是委托方为其船舶到抵达港办理进出港和在港业务手续而寻找港口代理人，并经双方商定，以一定的书面形式为依据而建立的一种代理关系。国际船舶代理关系的建立可采取经双方谈判后签订书面合同的形式，也可以由委托方通过函电（包括电报、电传、传真、电子数据交换和电子邮件）将委托事项告知代理，双方就委托事项和代理费达成一致，经代理确认后生效。

船舶代理公司得到委托方明确或隐含的授权表示是建立国际船舶代理关系的必要条件。《中华人民共和国民法典》指出：委托合同是委托人和受托人约定，由受托人处理委托人事务的合同。委托人可以特别委托受托人处理一项或者数项事务，也可以概括委托受托人处理一切事务。委托人应当预付处理委托事务的费用。受托人为处理委托事务垫付的必要费用，委托人应当偿还该费用并支付利息。受托人应当按照委托人的指示处理委托事务。需要变更委托人指示的，应当经委托人同意；因情况紧急，难以和委托人取得联系的，受托人应当妥善处理委托事务，但是事后应当将该情况及时报告委托人。受托人应当按照委托人的要求，报告委托事务的处理情况。委托合同终止时，受托人应当报告委托事务的结果。

（二）国际船舶代理关系的分类

1. 长期代理关系

长期代理关系是指委托方根据船舶运营需要，经与代理人充分协商后以书面形式确立的长期有效（一年或几年）的代理关系。在合同的有效期内，委托方只需在每航次船舶抵港前通知船舶代理到船时间、船名、船舶规范和载货情况，不需要逐船逐航次委托。委托方应建立往来账户，预付适当数量的备用金，供船舶逐航次使用。

船公司与船舶代理公司一般签订长期代理协议（一年或两年），到期后双方再商定是否续签。除更换船舶、调整班期等情况外，船公司不需要每航次都给船舶代理公司发通知，船舶代理公司应根据船公司的船期表和船长的预计抵港通知按时安排好相关工作。国际上较大规模的船公司经营定期班轮航线，一般逐步趋向于在主要挂靠港成立专门的自营代理公司来负责港口的船舶代理业务。我国外代系统的长期代理协议都是由总公司出面签订，分公司不能直接对外签订长期代理协议。

2. 航次代理关系

航次代理关系是指委托方在船舶到港前，用函电向抵港代理提出该航次船舶委托，在代理回电确认后，本航次代理关系即告成立。航次代理关系的建立通常以航次代理委托函和代理接受委托的复函代替代理协议。

采用航次代理委托的船舶一般有下列几种：

（1）承运 CIF 进口货或 FOB 出口货的国外派船；

（2）承运 CIF 出口货或 FOB 进口货的国内派船；

（3）办理买卖、起租、退租的船舶；

（4）专程来港进行修理、供应、就医、避难的船舶；

（5）旅游船或其他特殊船舶。

这些船舶所属公司一般与船舶代理公司未签有长期代理协议，因此采取单船单航次的代理委托方式。

3. 第二委托方代理关系

除第一委托方（一般是发出委托电，并汇付港口使费和代理费的一方）外，对同一艘船舶要求代理代办有关业务的其他委托者，统称为第二委托方。第二委托方可以是船方（船舶所有人、船舶经营人或管理公司），也可以是租方或货方，还可能是其他有关方。一艘船舶只能有一个第一委托方，但可以同时有一个或几个第二委托方。第二委托方与第一委托方的主要区别在于：第一委托方支付港口使费，第二委托方不支付港口使费；第一委托方支付正常的代理费，而第二委托方支付的第二委托方代理费则大大低于正常的代理费。

第二委托方与船舶代理建立代理业务，应有书面委托依据，并提供有关资料，汇寄备用金，同时支付第二委托方代理费。

第二委托方代理委托一般是单船单航次的代理委托。委托办理的业务一般包括：

（1）期租合同下船东的事项，如办理船员调动，船舶备件，物料调拨，加淡水，上伙食，非装卸损坏的船舶修理，协助海事处理等；

（2）程租合同下租家的事项，如提供船舶在港动态，提供装卸准备通知书和装卸时间事实记录表、船长宣载书，提供船舶各类装货单证，结算船舶有关在港费用等；

（3）第二委托方关心的其他事项。

4. 保护代理关系

船舶有关方为保护自身的正当利益不因委托方代理的行为遭受损害，而找另一家能够信任的代理公司对船舶在港的代理业务进行监督，则另一家代理被称作保护代理或监护代理。例如，在租船合同下，当船舶代理由合同一方（船东或租家）指委时，合同另一方为保护自身利益而另外指委的代理。如租船合同规定由船东指委代理，租家可能指委保护代理在装/卸港保护自身利益。

保护代理主要监督委托方代理的业务安排、业务进程及安排是否符合当地规定、是否合理，相关代理人是否按章办事，是否有损害委托方利益的情况等。保护代理费由双方协议确定，一般使用单船包干费或月度包干费。例如，某公司就曾经在某些阿拉伯港口及其他港口委托港口保护代理。因为这些港口存在船期长、装卸速度慢、常常无理由地移泊、代理工作效率低、乱收费等情况，所以需要有另外一方去督促、检查，以防损害委托方利益的事情发生，或负责处理已发生的事情。保护代理一般是单船单航次委托的，但也有长期委托的，比如，某船公司在某港口有定期班轮或不定期班轮，由于代理不力，但又无法更换代理或即使更换代理也不能解决问题，这时船公司就有可能委托长期保护代理，直至情况好转时再取消。

三、签订长期代理协议

营销员在答复接受航次代理委托之前，应将委托信息交由指定的专人进行合同评审。如果委托事项合法可行，则可以接受委托，建立代理关系。如果委托事项违反港口当局的规定或因港口条件限制不宜接受，则应向客户明确答复并说明原因。

长期代理关系的建立一般需要有书面协议，如委托代理协议或委托代理合同。协议或合同须明确委托方和被委托方、委托事项、委托期限、双方商定的各自的职责和义务、适用费率和结算方式、适用法律和仲裁地等主要内容，并由双方法人代表或法人委托的代表签字确认。建立长期代理关系也可以以传真或电子邮件方式进行。由委托方发出委托函电，将委托事项告知代理，代理明确接受委托并对业务、费用及其他事项做出回盘，内容与书面协议相同。

不同的国家有不同的代理协议范本，一般是由该国的船舶代理协会征求各会员单位意见后公布，供协会成员参考和选择使用。我国采用的是长期代理协议范本。

长期代理协议一般由双方法人代表或全权授权代表来签署，在协议签署前应先明确对方签署人的身份，查明其是否有权代表公司来签署协议。船舶代理应事先准备好自己的长期代理协议范本，一旦需要签订代理协议，应尽量争取采用自己的范本，这样有利于加速谈判进程和保护自己的利益。

长期代理协议范本

在与委托方签订长期代理协议时，应注意以下内容：

（1）要约定合同的有效期；

（2）代理费支付标准参照目前交通主管部门的规定。一旦政府调整费率，可以据此修改协议；

（3）如果对委托方实行代理费优惠的策略，优惠比例最好依据公司代理费的净收入来定；

（4）对于已经签署的长期代理协议要管理好，以备到期续签使用。

知识卡片

租船经纪人

租船经纪人一般是指在不定期船市场上从事航次租船、定期租船和光船租赁中介业务的经纪人。他们以其航运专业知识和技能，接受租船人或船东的委托，提供货源或船舶信息，在其授权范围内作为租船人或船东双方中一方的被委托方与另一方或另一方经纪人协商租金、运费及其他租船合同涉及之条款，但无权独立缔结租约。租约成交后，租船经纪人应根据经船东和租船人已经达成一致的合同条款制作租约、跟踪船货动态，并及时将动态信息告知委托方。租船经纪人应履行的服务责任应持续到租约结束，并根据事先与委托方约定的方式和比例收取佣金。

租船经纪人是租船市场的实际参与者，也是租船市场的主要调节者。他们的运作与协调使整个租船市场的船货供求关系趋于平衡。绝大多数的租船经纪人具有较高的专业素养、高超的谈判技巧、丰富的实践经验、灵通的信息渠道和良好的服务意识。当委托方需要时，他们可以迅速提供洽租机会及业务咨询，因此船东或租船人获取信息的捷径便是通过租船经纪人，利用他们的全球性网络，掌握船、港、货等方面的即时资讯。

德润匠心

开拓进取——上港船代俄罗斯鲜活帝王蟹项目正式落地

上港船代一直依托上港母港优势开展船舶代理业务。根据集团和上港物流"三新战略"要求，如何走出传统业务"舒适区"，主动拥抱市场、参与市场竞争，寻找一条新的转型发展之路，努力实现"上港船代2.0"发展模式，是上港船代新班子一直在思考和探索的重点和难点问题。2023年8月，上港船代将目光投向了潜在的长兴横沙渔港码头，并积极探索在母港外开展船舶代理业务的可能性。

对上港船代来说，外贸渔船代理和生鲜水产品进口模式是全新的业态，横沙渔港所在的长兴岛对上港船代来说也是全新的代理区域。项目自筹备以来，上港船代积极联系崇明海关、海事、边防检查站等政府职能部门了解政策，多次请教水产协会，尽可能详细地掌握进口鲜活水产品的进口和暂养模式，并在原有外贸滚装船代理模式下，创新编制了俄罗斯帝王蟹外贸渔船的代理方案，并最终得到了业主方的认可。

2023年12月25日，上港船代正式签订了2024年度俄罗斯进口帝王蟹渔船代理合同。12月28日，上港船代代理的第一艘俄罗斯帝王蟹进口渔船成功靠泊长兴岛渔港码头，这不仅标志着一个新的业务模式正式启动，也标志着上港船代第一次全面参与市场竞争，在母港外获得了第一个船舶代理项目。

拓展练习

一、单项选择题

1. 国际船舶代理人在代理权限内有违法行为，被代理人明知这种情况却没有明确表示反对，由违法行为产生的责任应（　　）。

参考答案

A. 由国际船舶代理人承担

B. 由被代理人承担

C. 由国际船舶代理人承担，被代理人负连带责任

D. 由损失人自负

2. 通常情况下，（　　）不会明确规定租船合同的期限。

A. 航次租船　　　B. 光船租赁　　　C. 定期租船　　　D. 包运租船

3. 航次租船由（　　）负责船舶运营管理。

A. 船舶出租人　　B. 船舶承租人　　C. 无船承运人　　D. 国际船舶代理人

4. 在定期租船方式下，由（　　）承担船舶的航次费用。

A. 船舶出租人　　B. 船舶承租人　　C. 租船经纪人　　D. 国际船舶代理人

5. 在CIF条件下，应办理货物租船订舱的是（　　）。

A. 船方　　　　　B. 港方　　　　　C. 进口商　　　　D. 出口商

二、多项选择题

1. 根据《中华人民共和国海商法》，"海上运输"的适用水域包括（　　）。

A. 海洋之间　　　B. 海江之间　　　C. 江海之间　　　D. 我国的港口之间

2. 代理行为的有效要件包括（　　）。

A. 以订舱代理人的身份所从事的活动

B. 在代理权限范围内从事活动

C. 以被代理人的名义从事活动

D. 取得代理权

3. 在航次租船方式下，国际船舶代理关系一般包括（　　　）。

A. 第二委托方代理　　　　　　　　B. 保护代理

C. 长期代理　　　　　　　　　　　D. 航次代理

4. 国际船舶代理行业的特征有（　　　）。

A. 服务性　　　　B. 专业性　　　　C. 业务性　　　　D. 国际性

5. 船舶代理主要提供（　　　）。

A. 安排船舶进出港　　　　　　　　B. 安排货物装卸

C. 补给物料、燃油和淡水　　　　　D. 其他与船舶相关的服务性业务

三、判断题

1. 班轮运输是在特定的航线上，按公布的船期表进行规则的、反复的航行和运输的船舶营运方式。（　　　）

2. 在航次租船方式下，通常由船舶承租人承担船舶通过运河的通行费。（　　　）

3. 国际航行船舶是指进出我国口岸的外国籍船舶和航行国际航线的我国国籍船舶。（　　　）

4. 定期租船是指由船舶出租人向承租人提供约定的由出租人配备船员的船舶，由承租人在约定的时间内按照约定的用途使用，并支付租金的一种租船方式。这种租船方式以约定的使用期限为船舶租期，而不以完航次数来计算，租期的长短完全由船舶出租人和承租人根据实际需要约定。（　　　）

5. 在光船租赁方式下，港口使费、引水费、装卸费应由租家负担。（　　　）

四、实训项目

假设您是 Tianjin Red Star Shipping Agency Co.，Ltd. 的营销员，即将向 Victory Shipping Co.，Ltd. 进行公司业务推介，请模拟该工作情景，进行角色扮演，并结合实训素材，编写英文会话内容。

（一）实训要点

实训任务	船舶代理市场开发模拟
实训目标	通过模拟与客户的面谈，使学生熟悉营销员进行商品销售时需要掌握的信息以及与客户沟通的技巧，并具备用英语与客户交流的基本能力

实训时间	80 分钟（建议）
实训地点	多媒体教室（建议）
实训素材	港口、客户及公司宣传的资料（打印稿和演示文稿）；名片、小礼品等道具；业务背景资料
实训要求	（1）通过角色扮演的方式； （2）全体学生参与； （3）尽可能使用英语进行会话； （4）活动结束后，学生应写出以下内容：营销员在与新客户沟通前应准备的资料，双方用英语沟通时的常用语句，从哪些方面可以提升客户对营销员的好感度
实训步骤	（1）每班分 A、B 两个组，分别扮演营销员和客户； （2）营销员扮演者根据假设的业务情景，准备好相关推介材料； （3）营销员扮演者向客户扮演者展示公司宣传材料，并讲述公司概况与优势（双方尽可能用英语进行交流）； （4）面谈结束前交换名片、小礼品等道具
评价方式	学生互评，教师点评

（二）实训素材

1. 国际船舶代理有限公司概况

天津红星国际船舶代理有限公司（Tianjin Red Star Shipping Agency Co., Ltd.）成立于 1998 年，注册资本 1000 万元，是商务部批准成立的国际船舶代理企业，已通过 BSI（英国标准协会）的 ISO9001：2015 质量体系认证。天津红星国际船舶代理有限公司主要致力于为客户提供船舶进出港业务（包括海关申报和办理口岸有关检验检疫手续，办理船舶引航、靠泊、拖带，船舶检验、修理、扫舱、熏舱，海上救助，洽办海事处理、买卖船舶和租船在港交接手续等）、货运业务（包括联系安排货物装卸、货舱检验、理货、交接中转、储存、理赔，代船方承揽货载，同港方签订滞期/速遣协议和结算，代船方签发提单、计收运费、代付各种款项和费用，代货主租船订舱和缮制货物运输单证等）、供应方面业务（包括办理燃料、淡水、物料、伙食供应，代购、转送船用备件、物料等）和其他服务性业务（包括办理船员调换、遣返、出入境手续、就医、参观游览、船员家属探望、信件传递，以及其他船上临时委托办理的事项等），多年来累计为 28 家船东提供船舶代理服务，是天津最具规模的船舶代理公司之一。多年来，天津红星国际船舶代理有限公司被连续列入商务部"中国国际货代行业重点联系企业名单"，并相继荣获"首批京津冀影响力品牌""金飞马"奖，至今已成为多家全国性船代组织的口岸会长及副会长单位。2022 年 12 月，天津红星国际船舶代理有限公司顺利通过中国船级社两化融合管理体系 A 级评定。

天津红星国际船舶代理有限公司总部设在天津，在上海、青岛设有分公司，在西安、银川、太原设有办事处。该公司现有员工百余人，全面实施现代化信息管理，建立了网络服务平台，使客户能够及时了解相关的业务信息，为客户提供第一时间的咨询和商业服务。

2. 船东公司概况

胜利航运有限公司（Victory Shipping Co., Ltd.）成立于 2018 年 3 月，经营范围包括交通运输、船舶管理、海事咨询、国际贸易等。该公司现拥有 7 艘远洋货船，主要承运散杂货（件杂、管桩、工程设备、煤炭、铁矿、硅砂、吨袋等），主要运输路线为亚洲航线及全球航线。该公司现有管理人员及船员共 80 名。该公司自成立以来本着"以人为本，多方共赢"的企业宗旨，坚持"诚信、务实、敬业、高效"的方针，积极开拓市场，各项业务实现了稳步快速的发展。其代表客户有中国远洋海运集团、中国对外贸易运输集团等。

教学目标

知识目标

了解国际船舶代理进出口计划员的岗位职责与主要工作内容；掌握港口使费备用金的概念及估算方法；熟悉国际船舶代理进出口业务流程与单证。

技能目标

能够准确估算港口使费；能够制作船舶代理业务相关单证；能够办理国际航行船舶进出口岸的申报。

思政目标

学习国际船舶代理工作中一丝不苟、追求卓越的工匠精神，培养服务意识，增强法治意识，提高法治素养。

知识要点结构图

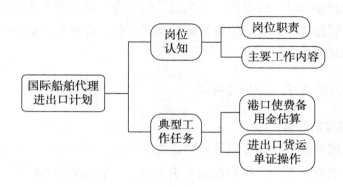

岗位认知

一、国际船舶代理进出口计划员岗位职责

（1）负责答复相关问询并进行业务函电的处理。

（2）负责港口使费的估算、港口使费备用金的索取。

（3）有权代表公司接受出口货物船舶代理业务，向口岸相关部门申报及对外签署提单和相关业务单证。

（4）有权在船公司授权下，代表公司对外签署放货单。

二、国际船舶代理进出口计划员主要工作内容

（一）代理委托确认

国际船舶代理进出口计划员（以下简称"计划员"）在收到国外或国内的船公司或船舶经营人以书面形式（电子邮件或传真）委托船舶代理公司为其即将来港作业的船舶办理船舶进出口业务的正式委托后，应立即回电予以确认，确认电通常以传真或电子邮件形式发出，其内容包括：港口使费备用金报价；本公司全称、地址、联系方式及银行账号（以便对方汇款）；回复对方咨询或要求等。

（二）港口使费备用金管理

港口使费备用金的索取是一项十分重要的工作，要求计划员熟练掌握本港各有关单位和本公司的费规、费率，并每月与船务部结算员交流港口使费的估算和结算情况，力求索汇准确。

对外申报港口使费时应按项目一一列出，包括应列出可能发生的额外费用如节假日附加费、夜班附加费等。估算的费用应精确到个位。应将港口使费索汇电进行电子归档，以便结算员参考。

（三）船舶抵港作业计划安排

1. 协调船舶靠泊码头

在确认委托代理关系后，计划员应阅读往来邮件，将确切的船舶来港信息及时告知引航站、港务局等相关方；将确切的上引水计划、船舶靠泊/离泊/移泊计划录入公司业务系统，生成单船指泊报，发送给船长和委托方；将船舶次日的靠泊/离泊/移泊

计划通知相关外勤。

2. 回答问讯

一般来讲，从委托到靠泊前，委托方关注的重点在于货物是否备妥、船舶排队情况、何时能靠泊等。计划员要将每天港口安排的靠泊计划和备货等情况及时告知委托方，及时回复船方或委托方的问讯电报，主动提供其所需要的航道、泊位安排等相关信息。

3. 安排委办事项

对于某些单项事情的委托、咨询，比如安排船长借支、船员遣返就医、安排航修等，计划员应以电话或电子邮件的方式及时处理，并注意审核调度安排，督促外勤工作，跟踪各项委办事项的落实情况。

4. 单船作业计划安排

计划员根据已接受委托船舶的相关资料缮制单船作业计划，并注明需要外勤办理的事项，以便准确、完整地向外勤布置航次任务，并督促外勤在船舶在港期间为船舶提供现场服务。此外，计划员应建立单船档案，以保存单船所有单证及往来函电资料。

（四）进出口货运业务单证处理

1. 出口操作

在出口操作中，计划员应根据委托方指令接受订舱签单并收取相应的订舱费，审核下货纸，缮制装货清单和预配舱单。如船公司委托船代签发提单，在获取船长签署的提单委签申请书后，按照发货人呈送的大副收据的内容签发提单。

2. 进口操作

在进口操作中，计划员应根据船长或委托方的电报、电传、电子邮件等信息，了解船舶的抵港日期，尽快获得装货港的提单副本及舱单，在公司业务系统中录入提单信息，并将相关单证及时交由外勤办理船舶进口手续。在收到委托方放货指令后，计划员应及时通知相关方进行换单放货并收取相应的换单费。

3. 单证转送

在船舶离港后，计划员接收外勤转来的相关货运单证、单船记录本和有关函电，应委托方要求，整理出装卸时间事实记录表、装卸准备就绪通知书、提单副本、进出口舱单、预配船图和装货船图（如有）等寄送给委托方，并随时向委托方发送其合理要求的其他有关单证。

（五）单一窗口电子信息申报

1. 船舶动态申报

计划员向所在地区国际贸易单一窗口各口岸单位申报船舶动态，确保船舶进出港作业顺利。申报内容主要包括进境动态预报、进境动态确报、船舶抵港报、船舶离境动态预报、船舶离境动态确报等。

2. 船舶信息申报

计划员在港口集团、引航站等单位网站上申报船舶信息，涉及的船舶文件主要包括总申报单、货物申报单、船员名单、船员物品申报单、船用物品申报单、航次摘要等。

3. 进出口舱单申报

计划员将进出口货物信息及预配舱单信息录入海关电子报关系统。

4. 海关电子吨税申请

计划员在收到外勤转来的《船舶吨税执照申请书》后，在"海关船舶吨税执照申请系统"中进行船舶吨税的申请，在"中国国际贸易单一窗口"网站进行付费，完成后发送吨税申请书和吨税缴款书给相关方并进行电子归档。

5. 海事船舶防污染作业网站的申请和核销

计划员登录港口船舶防污染作业报告系统，根据船长发来的申报信息进行排放压舱水、洗舱水、舷外拷铲及油漆作业等的报备工作。

德润匠心

踔厉笃行——连云港外代成功代理口岸首艘 40 万吨级满载超大型铁矿船

随着最后一根缆绳系妥，连云港外代代理的某轮顺利靠泊连云港新苏港码头 88 泊位。这是连云港港口开港 90 年以来靠泊的首艘 40 万吨级满载巨轮，刷新了连云港口岸单船载货量和船舶进港吃水纪录。

该船舶全长 362 米，船宽 65 米，船舶载重 402348 吨（1 吨 = 1000 千克），抵港吃水 22.9 米，全船载淡水河谷铁矿砂 390941 吨。其船型大、吃水深，对锚地、航道、泊位、潮汐、引航方案等的要求更高。

为保障该艘 40 万吨级满载船舶能够安全及时靠泊卸货，连云港外代超前部署、制订预案，成立专项服务团队密切关注船舶动态，积极配合协调引航站、海事局、港口等多方机构，落实该船舶各项数据，协助相关单位和船公司确定引航方案和靠泊计划。

　　该船舶抵港前，恰逢我国北方暴雪，船舶管理公司代表无法及时赶到连云港参加船前会。连云港外代船务部立即协调各方，主动牵头和船舶管理公司、连云港引航站召开微信视频会议，结合近期潮汐和天气情况，沟通该船舶进港引航方案，为该船舶安全靠泊提供了坚实的保障。

　　此次超大型船舶代理任务的圆满完成得到了船东和港口各方的高度赞扬。

任务一　港口使费备用金估算

任务导入

　　天津红星国际船舶代理有限公司日前接到胜利航运公司的巴拿马籍干散货船"征途"号在天津新港的委托代理业务，该轮总长 193.6 米，21600 净吨，预计于 2024 年 6 月 17 日抵达新港，并计划卸下 53200 吨的散装镍矿。假设您是该船舶代理公司的一名计划员，请预估该轮在新港的港口费用，并制作出港口使费备用金估算单，以便向委托方索取港口使费备用金。

任务分析

　　港口使费备用金（Port Disbursement）是指委托方或第二委托方预付给船舶代理的，用于支付船舶在港期间所发生的费用、船员借支、代理费，以及处理有关特殊事项的备用款项。船舶在港口发生的费用一般通过船舶代理支付给口岸各有关单位，由于费用金额较大，通常以备用金的形式，在船舶抵港前，由船东预付到船舶代理的银行账户。港口使费备用金一般采取预付形式，在班轮船舶代理中，船舶代理通常不要求委托方预付港口使费备用金，双方约定一段时间结算一次，但在不定期船舶代理中，除另有协议或特殊情况外，委托方或第二委托方在指定时间内将港口使费备用金电汇至船舶代理指定的银行账户中才意味着代理关系的正式建立。

　　准确估算港口使费备用金是计划员向客户报价的工作中非常重要的操作环节。估算的金额过高，会占用船东较多的流动资金，导致船东不满，影响船舶代理公司的信誉；而估算的金额过低，追讨港口使费困难重重，船舶代理公司要承担很大的经济损失风险，也会影响与客户的合作关系。因此，计划员应尽量准确地估算港口使费备用金。要完成该工作任务，我们需要了解所代理的船舶概况，熟悉港口使费的费收项目和计收规则，掌握估算方法。

任务实施

一、了解船舶概况

（一）认识船舶结构

船舶结构随着船舶类型的不同而不同，对于钢结构船舶来说，全船结构分为主船体和上层建筑两部分。

主船体由船首部、中部、尾部组成，每一部分都是由船底、舷侧、上甲板形成水密的空心结构。在空心结构内部又用水平和垂直的隔壁分隔成许多舱室。其中，首尾贯通的水平隔壁称下甲板，垂直的隔壁称为舱壁。安装在船宽方向的舱壁称为横舱壁，安装在船长方向的舱壁称为纵舱壁。为了加强船体首尾端结构，在首尾端设置有首尾柱。

上层建筑是指上甲板原始的各种围壁建筑物，有艏楼、尾楼、桥楼、甲板室及各种围壁建筑物。艏楼的主要作用是减少船舶首部上浪（浪花进入船上），同时可以作为储藏室。尾楼的主要作用是减少船尾部上浪，保护机舱，同时可以作为船员的居所。桥楼是位于船中部的上层建筑，通常作为驾驶室和船员居所。甲板室设在露天甲板上，有利于甲板操作。

（二）认识船舶尺度

船舶尺度包括船舶的长度、宽度、深度、吃水等。它是计算船舶各项性能的主要参数，是衡量船舶大小，收取各种费用，检查船舶能否通过船闸、运河等限制航道的依据。船舶的主要尺度都遵循统一的度量规定。根据用途不同，船舶尺度主要分为以下几类。

1. 型尺度

船舶的型尺度是从船体型表面上所量取的尺度，是理论尺度，主要用于船舶设计及性能计算。型尺度一般包括型长、型宽和型深。型长根据具体的使用目的，有不同的表示方法：总长（LOA）、垂线间长（LBP）和设计水线长（LWL）。型宽一般是指船舶中央部分的宽度，用 B 表示。型深一般是指从上甲板边缘最低处量至船底基线的垂直距离，记为 D 或 H。

2. 最大尺度

船舶的最大尺度是包括船体构件及固定在船上的附属突出物在内所丈量得到的尺度，它可以决定船舶停靠码头泊位的长度。最大尺度一般包括最大长度、最大船宽和最大高度。最大长度是船舶最前端与最后端之间的水平距离，用 L_{max} 表示；最大船宽是包括船舶外板和永久性固定突出物在内的最大宽度，用 B_{max} 表示；最大高度是自设计水线沿垂线量到船舶的最高点的距离，用 H_{max} 表示。

3. 登记尺度

船舶的登记尺度是用于衡量船舶装载能力的度量指标，是船舶登记、吨价计算及缴纳费用的依据。登记尺度一般包括登记长度、登记宽度和登记深度。登记长度是船舶甲板上的首柱前缘到尾柱后缘的水平距离，一般用 LR 表示。登记宽度为船体最大宽度处的水平距离，用 BR 表示。登记深度为自中纵剖面上登记长度 LR 中点处，量至设计水线上面的垂直距离，用 DR 表示。

4. 船舶吃水

船舶吃水是船舶浸沉深度的度量指标，它随载货重量的不同而变化。这个尺度只有型尺度，即型吃水。型吃水即设计吃水，又称满载吃水，是指船舶装载至设计要求的货物后（一般为满载状态）的浸水深度。当船艏吃水和船尾吃水不相等时，型吃水值为首尾吃水的平均值。

（三）认识船舶吨位

1. 重量吨位

船舶的重量吨位是表示船舶重量的一种指标。船舶的重量吨位可以分为排水量吨位和载重吨位。

（1）排水量吨位（Displacement Tonnage）

排水量吨位是船舶在水中所排开水的吨数，也是船舶自身重量的吨数。排水量吨位又可分为轻排水量、重排水量和实际排水量三种。在造船时，依据排水量吨位可知该船的重量。在统计军舰的大小和舰队时，一般以轻排水量为准；军舰通过巴拿马运河时，以实际排水量作为征税的依据。

（2）载重吨位（Dead Weight Tonnage）

载重吨位表示船舶在营运中能够使用的载重能力。船舶载重吨位的作用包括：用于对货物的统计；作为期租船月租金计算的依据；表示船舶的载运能力；用作新船造价及旧船售价的计算单位。载重吨位可分为总载重吨和净载重吨。

总载重吨（Gross Dead Weight Tonnage）是指船舶根据载重线标记规定所能装载的最大限度的重量，它包括船舶所载运的货物、船上所需的燃料、淡水和其他储备物料重量的总和。

净载重吨（Dead Weight Cargo Tonnage）是指船舶所能装运货物的最大限度重量，又称载货重吨，即从船舶的总载重量中减去船舶航行期间需要储备的燃料、淡水和其他储备物料的重量所得的差数。

2. 容积吨位（Registered Tonnage）

容积吨位是表示船舶容积的单位，又称注册吨。容积吨位的换算公式为：

$$1\ 容积吨 = 2.83\ 立方米 = 100\ 立方英尺①$$

容积吨一般分为容积总吨和容积净吨。

容积总吨（GRT）又称注册总吨，是指船舱内及甲板上所有闭合场所的容积总和。容积总吨的用途很广，它的主要作用为：表明船舶的大小；用于船舶登记；作为政府确定对航运业的补贴依据；用于计算保险费用、造船费用及船舶的赔偿等。

容积净吨（NRT）又称注册净吨，是船舶可以用来装载货物的容积折合成的吨数。它的主要作用为：用于船舶的报关、结关；作为船舶向港口缴纳各种税收和费用的依据；作为船舶通过运河时缴纳运河费的依据。

（四）认识船舶载重线

船舶载重线（Ship's Load Line）标志是指绘制于船中两舷，标明载重线位置以限制船舶最大吃水，确保船舶最小干舷的标志。船舶载重线标志（见图2-1）包括甲板线、载重线圈和各载重线。

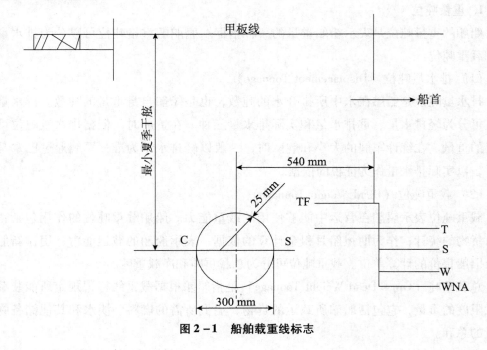

图2-1 船舶载重线标志

---

① 注：1 英尺 = 0.3048 米。

1. 甲板线

甲板线是一条表示干舷甲板位置的线。该线的上边缘应与干舷甲板的上表面相交。

2. 载重线圈

载重线圈由一个圆圈和一条水平线相交组成，其圆圈的中心在船舶中部，水平线与夏季海水载重线齐平。其水平线上的字母代表船舶检验机构的名称，如"CS"为中国船级社英文缩写。

3. 各载重线

TF（Tropical Fresh Water Load Line）表示热带淡水载重线，即船舶在热带地区的淡水水域中航行时，总载重量不得超过此线。

F（Fresh Water Load Line）表示淡水载重线，即船舶在淡水水域中航行时，总载重量不得超过此线。

T（Tropical Load Line）表示热带海水载重线，即船舶在热带地区的海水水域中航行时，总载重量不得超过此线。

S（Summer Load Line）表示夏季海水载重线，即船舶在夏季航行时，总载重量不得超过此线。

W（Winter Load Line）表示冬季海水载重线，即船舶在冬季航行时，总载重量不得超过此线。

WNA（Winter North Atlantic Load Line）表示北大西洋冬季载重线，指船长为100.5米以下的船舶，在冬季月份航行经过北大西洋时，总载重量不得超过此线。

（五）认识船籍和船旗

船籍（Ship's Registry）指船舶的国籍。商船的所有人向本国或外国有关管理船舶的行政部门办理所有权登记，取得本国或登记国船舶国籍。

船旗（Ship's Flag）是船舶国籍的标志。按相关国际法规规定，商船是船旗国浮动的领土，无论在公海还是在他国海域航行，均需悬挂船籍国国旗。船舶有义务遵守船籍国法律的规定并享受船籍国法律的保护。

（六）认识船级

船级（Ship's Classification）是表示船舶技术状态的一种指标。在国际航运界，凡注册总吨在100吨以上的海运船舶，必须在某船级社或船舶检验机构监督之下进行监造。在船舶开始建造之前，船舶各部分的规格需经船级社或船舶检验机构批准。每艘船建造完毕，由船级社或船舶检验局对船体、船上机器设备、吃水标志等项目和性能进行鉴定，颁发船级证书。证书有效期一般为4年，期满后需重新予以鉴定。

船舶入级可保证船舶航行安全，有利于国家对船舶进行技术监督，便于租船人和托运人选择适当的船舶，以满足进出口货物运输的需要，便于保险公司决定船、货的保险费用。

世界上最早的船级社是1760年成立的英国劳氏船级社（LR）。此后一些国家相继成立了船级社，如美国船级社（ABS）、挪威船级社（DNV）、法国船级社（BV）和日本海事协会（NK）等。船级社的主要业务是对新造船舶进行技术检验，合格船舶的各项安全设施被授予相应证书；根据检验业务的需要，制定相应的技术规范和标准；受本国或他国政府委托，代表其参与海事活动等。

（七）船舶主要设备

船舶设备组图

船舶主要设备可分为以下几类。

1. 航海仪器

航海仪器一般包括磁罗经（一种测定方向基准的仪器，用于确定航向和观测物标方位）、六分仪（一种测量远方两个目标之间夹角的光学仪器，用于测量某一时刻太阳或其他天体与海平面或地平线的夹角，以便迅速得知海船或飞机所在位置的经纬度）、天文钟（既能表示天象，又能计时）等。

2. 助航仪器

助航仪器一般包括GPS（全球定位系统）电子海图仪、船舶自动识别系统、测深仪、计程仪、望远镜等。

3. 动力与操纵设备

船舶动力设备包括船舶主机、辅机、蒸汽锅炉、制冷和空调装置、压缩空气装置、船用泵和管路系统、造水装置和自动化系统等；船舶操纵设备包括锚设备、舵设备和泊设备，在航行中、港内操纵或系泊时都要扮演重要的角色，是保证船舶必不可少的组成部分。

4. 通信设备

通信设备一般包括GMDSS（全球海上遇险与安全系统）、AIS（自动船位报告系统）、SSAS（船舶保安系统）等。

5. 应急设备

船舶应急设备一般包括应急发电机、应急空压机；消防泵和应急消防泵；大型灭火系统（泡沫或二氧化碳灭火系统）、手提灭火器；消防员装备、火灾逃生面罩；救生艇、救生筏、救生衣；应急电源（应急电瓶）；手提双向甚高频无线电话、应急卫星示位标、雷达应答系统、船舶航行数据记录器；应急舵、速闭阀等。

二、熟悉船舶靠离港流程

（一）船舶靠港流程

（1）船舶驶入港口水域。

（2）向港务当局申请安排引航。

由于船舶不一定经常进出熟悉的港口、水道等，船长对该水域的水深、潮汐、水流等自然条件可能不熟悉，因此为了航行安全，需雇用熟悉当地水域的引航员协助船长进出港口等。

引航员又称"引水员""领港"，是指在一定航区指引船舶安全航行、靠离码头或通过船闸及其他限定水域的人。船舶在港区、内河、沿岸航行，为了避免发生搁浅、触礁、碰撞等事故，船长一般会申请引航。在我国，中国籍船舶申请引航作业大多是考虑到进港安全的商业行为，而外国籍船舶进港引航则是《中华人民共和国海上交通安全法》的强制要求。

（3）若港区内船舶较多，业务繁忙，没有空闲泊位，则船舶需要在锚地内抛锚等泊；有船舶作业完毕驶离泊位后，通过引航进入航道。

（4）如果船舶载重吨较大，无法自己准确地完成靠泊作业，则船舶需要申请拖轮作业，协助船舶完成靠泊作业。

（5）到达泊位后，船舶抛锚系缆，然后进行装卸作业。

（二）船舶离港流程

（1）船舶在装卸完工前，会和港口码头确定离港时间。一般在离港前一个小时会进行船舶开航前的备车准备。备车的目的是使船舶动力装置处于随时可起动和运转的状态。备车内容包括供电准备，校对时钟、车钟，校对舵机，暖机，各动力系统的准备，转车、冲车和试车等。

（2）船舶离泊。船舶离泊可能会借助拖轮，以便安全驶离港口。

（3）引航员上船，引领船舶驶离港口。

三、明确港口使费费收项目

船舶进出港口以及在港停泊期间，因使用港口水域、航道、泊位（码头、浮筒、锚地）等，装卸货物和申请港口有关机构提供的各项服务，如引航、拖轮等，按规定要支付的费用，统称为港口使费（Port Charges）。从 2019 年 4 月 1 日起，我国港口要依据交通运输部会同国家发展和改革委员会颁发的《港口收费计费办法》进行港口使费的计收。港口使费是航运企业运输成本中的一项重要内容，其中，航行国际航线船舶的港口使费支出占比较大。因此，以下主要列举航行国际航线船舶所需支出的港口费用。

（一）引航（移泊）费

《港口收费计费办法》

我国对外国籍船舶实行强制进出港引航和移泊引航。引航费根据各港口的实际引航距离实行分类［10 海里（1 海里 = 1852 米）为界］，按船舶净吨位计收，引航和移泊所需拖轮使用费由拖轮提供者另外收取。引航费按第一次进港和最后一次出港各一次分别计收，期间的港内引航作业都按照移泊费率收取。引领船舶过闸要以次加收过闸引领费。

按照《港口收费计费办法》，航行国际航线船舶的引航距离在 10 海里及以内，且引领船舶在 120000 净吨及以内的引航费，按表 2－1 编号 1（A）中的规定费率计收；引航距离在 10 海里及以内，且引领船舶超过 120000 净吨的引航费按 49000 元计收；引航距离超过 10 海里的引航费，其超程部分按表 2－1 编号 1（B）规定费率计收；超出各港引航距离以远的引航费，其超远部分的引航费按表 2－1 编号 1（A）规定费率的30% 计收；引领国际航线船舶在港内移泊，按表 2－1 编号 1（D）规定费率按次计收移泊费；航行国际航线船舶的港口引航（移泊）起码计费吨为 2000 计费吨。

表 2－1　　　　　　　　　　航行国际航线船舶港口收费基准费率

编号	项目	计费单位		费率（元）	说明
1	引航（移泊）费	计费吨	A	0.45	40000 净吨及以下部分
				0.40	40001～80000 净吨部分
				0.375	80000～120000 净吨部分
		计费吨·海里	B	0.004	10 海里以上超程部分
		计费吨	C	0.14	过闸引领
		计费吨	D	0.20	港内移泊
2	停泊费	计费吨·日	A	0.25	
		计费吨·小时	B	0.15	
		计费吨·日	C	0.05	锚地停泊
3	围油栏使用费	船·次		3000.00	1000 净吨以下船舶
				3500.00	1000～3000 净吨船舶
				4000.00	3000 净吨以上船舶

航行国际航线船舶节假日或夜班的引航（移泊）作业应根据实际作业情况分别加收引航（移泊）费附加费。节假日、夜班的引航（移泊）作业时间占全部作业时间一

半及以上，或节假日、夜班的作业时间大于等于半小时的，节假日或夜班的引航（移泊）费附加费应按表 2-1 编号 1 规定费率的 45% 分别加收，既为节假日又为夜班的引航（移泊）费附加费按表 2-1 编号 1 规定费率的 90% 一并加收。

节假日及夜班的工班起讫时间，由港务管理部门自行公布执行。船舶靠离码头或移泊引领作业所使用的拖轮马力大小和数量一般由引航员根据气象、水面航道情况决定，并直接联系安排。在航道条件复杂的港口，引航费用一般会很高。

（二）拖轮费

船舶靠离泊、引航、移泊作业都需要使用拖轮，提供拖轮服务的单位向船方或其代理人计收拖轮费（Tuggage 或 Tugs Hire）。按照《港口收费计费办法》，航行国际航线船舶每拖轮艘次费率按表 2-2 的规定计收。

表 2-2　　　　　　　　　　航行国际航线船舶拖轮费基准费率　　　　计费单位：元/拖轮艘次

序号	船长（米）	船舶类型		
		集装箱船、滚装船、客船	油船、化学品船、液化气体船	散货船、杂货船及其他
1	80 及以下	6000	5700	5300
2	80～120	6500	7800	7400
3	120～150	7000	8500	8000
4	150～180	8000	10500	9000
5	180～220	8500	12000	11000
6	220～260	9000	14000	13000
7	260～275	9500	16000	14000
8	275～300	10000	17000	15000
9	300～325	10500	18000	16000
10	325～350	11000	18600	16500
11	350～390	11500	19600	17800
12	390 以上	12000	20300	19600

被拖船舶靠离的泊位与最近的拖轮基地距离超过 30 海里但小于等于 50 海里的，其拖轮费可按基准费率的 110% 收取；距离超过 50 海里的，可按 120% 收取。拖轮费与燃油价格实行联动，燃油价格大幅上涨或下跌影响拖轮运营成本发生较大变化时，适当调整拖轮费基准费率标准。

（三）船舶吨税

在我国，船舶吨税（Tonnage Dues）是由海关代表国家交通管理部门在设关口岸对进出我国国境的船舶征收的用于航道设施建设的一种使用税。凡是驶入我国港口或行驶于我国港口之间的外国籍船舶、外商租用的中国籍船舶、中外合营企业租用的外国籍船舶都要缴纳船舶吨税。

应税船舶在进入港口办理入境手续时，应当向海关申报纳税领取吨税执照，或者交验吨税执照（或者申请核验吨税执照电子信息）。应税船舶在离开港口办理出境手续时，应当交验吨税执照（或者申请核验吨税执照电子信息）。如船舶吨税执照已逾期或在港期间可能逾期，船舶代理公司有义务提醒船方申办新的吨税执照，并根据船舶在

《中华人民共和国船舶吨税法》

中国港口停留的时间长短，建议船方按照2018年7月1日起施行的《中华人民共和国船舶吨税法》所附的《吨税税目税率表》（如表2-3所示）申领其中一种期限的吨税执照。

表2-3　　　　　　　　　　　　吨税税目税率

税目 （按船舶净吨位划分）	税率（元/净吨）						备注
	普通税率 （按执照期限划分）			优惠税率 （按执照期限划分）			
	1年	90日	30日	1年	90日	30日	
不超过2000净吨	12.6	4.2	2.1	9.0	3.0	1.5	1. 拖船按照发动机功率每千瓦折合净吨位0.67吨。 2. 无法提供净吨位证明文件的游艇，按照发动机功率每千瓦折合净吨位0.05吨。 3. 拖船和非机动驳船分别按相同净吨位船舶税率的50%计征税款
超过2000净吨，但不超过10000净吨	24.0	8.0	4.0	17.4	5.8	2.9	
超过10000净吨，但不超过50000净吨	27.6	9.2	4.6	19.8	6.6	3.3	
超过50000净吨	31.8	10.6	5.3	22.8	7.6	3.8	

船舶吨税设置优惠税率与普通税率。中国籍的应税船舶，船籍国（地区）与我国签订含有相互给予船舶税费最惠国待遇条款的条约或者协定的应税船舶，适用优惠税率。其他应税船舶适用普通税率。中华人民共和国海关总署（以下简称"海关总署"）于2018年发布了适用船舶吨税优惠税率的国家（地区）清单（见表2-4）。

表 2 - 4　　　　　　　适用船舶吨税优惠税率的国家（地区）清单

序号	船籍国（地区）	序号	船籍国（地区）
1	阿尔巴尼亚	2	朝鲜
3	加纳	4	斯里兰卡
5	刚果（布）	6	巴基斯坦
7	刚果（金）（原扎伊尔）	8	挪威
9	日本	10	阿尔及利亚
11	新西兰	12	阿根廷
13	孟加拉国	14	泰国
15	巴西	16	墨西哥
17	马来西亚	18	新加坡
19	塞浦路斯	20	蒙古
21	马耳他	22	越南
23	土耳其	24	韩国
25	格鲁吉亚	26	克罗地亚
27	俄罗斯	28	乌克兰
29	黎巴嫩	30	智利
31	印度	32	以色列
33	加拿大	34	秘鲁
35	埃及	36	摩洛哥
37	南非	38	古巴
39	印度尼西亚	40	突尼斯
41	伊朗	42	巴哈马
43	美国	44	比利时
45	捷克	46	丹麦
47	德国	48	爱沙尼亚
49	希腊	50	西班牙
51	法国	52	爱尔兰
53	意大利	54	拉脱维亚
55	立陶宛	56	卢森堡
57	匈牙利	58	荷兰
59	奥地利	60	波兰
61	葡萄牙	62	斯洛文尼亚
63	斯洛伐克	64	芬兰
65	瑞典	66	英国
67	保加利亚	68	罗马尼亚
69	也门	70	苏丹
71	菲律宾	72	埃塞俄比亚
73	肯尼亚	74	阿曼
75	利比里亚	76	巴拿马
77	中国香港	78	中国澳门

注：

1. 利比里亚籍的应税船舶适用船舶吨税优惠税率的到期日为 2024 年 1 月 7 日。

2. 巴拿马籍的应税船舶适用船舶吨税优惠税率的到期日为 2026 年 7 月 19 日。

（四）停泊费

按照《港口收费计费办法》，对于停泊在港口码头、浮筒的航行国际航线船舶，由提供停泊服务的港口经营人向船方或其代理人按照表2-1编号2（A）规定费率计收（泊位）停泊费（Berthage Fee）。对于停泊在港口锚地的航行国际航线船舶，由负责维护港口锚地的单位向船方或其代理人按照表2-1编号2（C）规定费率计收（锚地）停泊费（Anchorage Fee）。

船舶停泊以24小时为1日，不满24小时的按1日计算。船舶在港每24小时发生在码头、浮筒、锚地停泊的，停泊费也按照表2-1编号2（A）规定费率计收。由于港口原因或特殊气象原因造成船舶在港内留泊，以及港口建设工程船舶、军事船舶和执行公务的公务船舶留泊，免收停泊费。

（五）围油栏使用费

如船舶按规定使用围油栏，由提供围油栏服务的单位向船方或其代理人收取围油栏使用费（Usage Fee for Oil Boom）。航行国际航线船舶的围油栏使用费按照表2-1编号3规定费率计收。

（六）卫生检疫费

卫生检疫费（Charges for Quarantine）一般包括检疫费以及检疫官员登轮所花费的交通艇费用。检疫费按船舶大小，每次收取100~500元不等，如果船舶来自疫区，或船上卫生条件较差，需要消毒熏蒸，则还要涉及压舱水消毒费和船舶熏蒸费。

（七）交通及通信费

交通费（Traffic Fee）主要包括代理和相关口岸检查检验官员及船员使用交通工具（车、船）所发生的费用，代理接送换班船员的交通费用。交通费一般情况下是凭船方签字确认的发票来向委托方实报实销。也有通过签订协议实行交通费包干的（主要存在于班轮和有长期代理协议关系的委托方或船东之间）。有的委托方还会要求代理对交通费实行航次包干，超额部分由代理自己承担，节省部分则归代理所有。

通信费（Communication Fee）包括代理与船方联系所使用的卫星通信和VHF通信（甚高频无线电通信）费用，与委托方以及装卸港代理联系所用的长途电话、传真、E-mail等费用，与口岸查验部门联网进行申报、传送相关单证的网络通信费用，船长使用代理电话或租用代理手机与国内外进行联系的国际国内长途电话费用等。通信费大多采用实报实销的办法（但需提供每次通信时所填写的计费单作为收费的凭证）。有的船东嫌麻烦或感到无法审核且收费过高，则要求代理采用航次包干的办法来结算通信费。

（八）杂费

办理船舶进出口手续工作中涉及一些手续费、杂项费等，一般统称为杂费，如边防检查站为船员、旅客办理登陆证要收取的手续费；船方在向官方机构进行单一窗口电子申报时要负担的通信网络传输费用；海事局办理海事签证收费等。另外，如果外国籍船舶停靠在非监管区时，根据有关规定，船方需要承担相关查验人员的往来交通、食宿、人工、加班补贴等费用，这些杂费通常采用包干计费的办法。

（九）其他港口费用

1. 港口作业包干费

港口经营人为船舶运输的货物及集装箱提供港口装卸等劳务性作业，向船方、货方或其代理人等综合计收港口作业包干费。港口作业包干费的包干范围包括港口作业的全过程。港口经营人可根据港口作业情况增加或减少港口作业内容，但均应纳入港口作业包干费统一计收，收费标准由港口经营人自主制定。

2. 库场使用费

货物及集装箱在港口仓库、堆场堆存，或经港口经营人同意，在港口库场进行加工整理、抽样等，由港口经营人向货方或其代理人收取库场使用费。库场使用费的收费标准由港口经营人自主制定。

3. 船舶供应服务费和船舶污染物接收处理服务费

为船舶提供供水（物料）、供油（气）、供岸电等供应服务，由提供服务的单位向船方或其代理人收取船舶供应服务费。

为船舶提供垃圾接收处理、污油水接收处理等船舶污染物接收处理服务，由提供服务的单位向船方或其代理人收取船舶污染物接收处理服务费。

船舶供应服务费和船舶污染物接收处理服务费的收费标准由提供服务的单位自主制定。水、油、气、电价格按照国家规定价格政策执行。

四、确定代理费

代理费（Agency Fee）是国际船舶代理人接受委托方委托后，为所委托的船舶办理相关手续并提供各类服务而索取的相应报酬。目前可参照的标准有：交通部 1994 年发布的《航行国际航线船舶代理费收项目和标准》，及中国船舶代理及无船承运人协会于 2004 年公布的《航行国际航线船舶代理费收项目和建议价格》。各船舶代理公司在参照上述计费标准的基础上，可根据市场情况给予客户一定的折扣优惠。计划员在向客户正式报价之前应请示主管领导，确定代理费金额。

五、港口使费备用金的估算

微课：港口使费
备用金估算

由于上述各项收费项目中，很大一部分要根据实际情况加收夜班和节假日作业附加费，而是否夜间作业以及是否在节假日安排作业往往不受委托方/船东或船舶代理的控制，因此在预估港口使费备用金过程中，常常会出现预估过高或过低的情况。此外，在目前竞争形势日趋激烈的情况下，船舶代理公司一般不会高估港口使费备用金，因为超出的部分会增加银行手续费用，并导致船舶代理公司信誉下降，流失稳定的客源。但是，一旦委托方没有及时预付港口使费备用金，或预付的港口使费备用金不足，或船舶代理公司港口使费备用金估计不足，船舶代理公司就有支付责任，且要承担很大的经济损失风险。唯一能做的保全措施是尽量了解委托方的资信情况，在迫不得已的情况下采取延误办理船舶开航手续的办法，甚至采取法律留置船舶的手段来向委托方施加压力。然而这些做法可能使船舶代理公司丧失对这家公司的船舶代理权。因此，尽量准确地估算船舶的港口使费备用金是十分重要的。

依照《港口收费计费办法》及天津新港对一些包干费用的计费标准，对本任务中的"征途"号在天津新港的港口使费备用金估算结果如表2-5所示。

表2-5　　　　　　　　　　港口使费备用金估算单
ESTIMATED PORT DISBURSEMENT

VSL NAME（船名）	JOURNEY	
DATE（制单日期）	June 10th，2023	
SHIP'S NRT（船舶净吨）	21600	
NATIONALITY（船籍）	Panama	
CARGO'S TYPE & QUANTITY（货物类型及数量）	53200 MT Nickel Ore in bulk	
EXCHANGE RATE（汇率）	7.1	
ITEMS	CNY	CALCULATION
PILOTAGE（引航费）	28188	NRT×Rate 0.45×2 Times×（1+45%）
TONNAGE DUES（船舶吨税）	71280	NRT×3.3（for 30 Days）
BERTHAGE FEE（泊位停泊费）	10800	NRT×Rate 0.25×2 Days
ANCHORAGE FEE（锚地停泊费）	2160	NRT×Rate 0.05×2 Days
TUGS HIRE（拖轮费）	22000	IN LUMPSUM AGAINST AGENCY PROFORMA INVOICE

续　表

CHARGES FOR QUARANTINE（卫生检疫费）	4000	FINAL CHARGE AGAINST ORIGINAL INVOICE
GARBAGE COLLECTION FEE（垃圾回收费）	2000	IN LUMPSUM
TRAFFIC & COMMS FEE（交通及通信费）	3000	IN LUMPSUM
SLUGE DISPOSAL FEE（污泥处理费）	3000	IN LUMPSUM
SUNDRIES（杂费）	2000	IN LUMPSUM
AGENCY FEE（代理费）	38000	IN LUMPSUM
TOTAL DISBMTS	186428	USD26257. 46

六、港口使费备用金的索汇

国际船舶代理人一般不予垫付港口使费备用金。除建立有长期代理业务关系的船公司以外，国际船舶代理人在接到委托后，应根据提供的船舶资料和来港任务，迅速向委托方报价，并索汇合理足额的港口使费备用金，要尽量争取在船舶离港前让委托方将足额港口使费备用金汇达国际船舶代理人指定的银行账户内。同时，要严格控制开支使用，如有临时增加的服务项目或开支，应及时向委托方追加索要港口使费备用金。国际船舶代理人接受委托后，在复电确认接受国际船舶代理人的同时，向委托方（或租约规定的付款方）索汇。

1. **港口使费备用金索取函电（示例）**

DEAR SIRS！

GOOD DAY！

TKS VERY MUCH FOR YR NOMINATION, WE R VERY PLEASED TO BE YR AGENT IN ALL RESPECTS READY TO RENDER AGENCY SERVICES TO THE VSL.

OUR FULL STYLE：

OUR A/C NO.：××, BANK OF CHINA ××, BRANCH

PLS REMIT US SHIP'S DISBURSEMENT TOTALING USD ×× （SAY ×× ONLY）ASAP. MEANTIME PLS INSTRUCT MASTER CABLE US THE UPDATED ETA ENABLING US MAKING PREARRANGEMENT.

BEST REGARDS.

YOURS.

2. 港口使费备用金索取回复函（示例）

DEAR SIRS!

GOOD DAY!

WE WOULD LIKE TO INF U TT WE HAVE REMITTED USD39000. 00 AS ESTI P/D TO U THIS MORNING.

PLS FIND THE BANK SLIP AS ATTACHMENT. PLS CFM SAFE RECEIPT BY RETURN.

PLS FEEL FREE TO CONTACT WITH ME IF U HAVE ANY QUESTION.

BEST REGARDS.

YOURS.

港口使费备用金索汇函发出后，应跟踪落实对方汇付情况，如委托方对有关报价有异议，可进一步核实调整。当委托方汇寄的港口使费备用金不足时，如属于委托方缺漏项目，可去电请示，如需要安排，则要求补汇。如属于代理方报出的港口使费备用金有错误或漏报，应及时电告委托方原因，并要求补汇。

一般情况下，计划员索汇港口使费备用金后，要随时了解汇款情况。港口使费备用金应在船舶到港前到达指定账户，原则上代理方不垫付港口使费备用金。如委托方是长期客户且有较好的信誉，可视情况边作业边催汇。若船已靠泊作业，代理方未收到委托方或船方的汇款且没有合理的理由，则计划员可提醒委托方"按照港口惯例，船舶将被移泊到锚地等待港口使费付清为止"，以明确责任。

在港口使费备用金是否汇达的查询查核方面，代理方常常遇到困难。例如，委托方和船东来电通知某笔港口使费备用金已经于某日通过某银行汇出，但代理方迟迟无法得到收款入账的确认，如果遇到节假日银行休息的情况，判断委托方是否确实汇付了所告的港口使费备用金数额是一件十分困难的事情。目前大多数情况下是让对方将汇款行给汇款人的汇付凭证传真过来，将其作为参考和判断的依据，有的还将汇款申请传来，但这类凭证往往只是一张打印出来的普通单据，一般没有银行印章，很难确定其真伪。因此，代理方对委托方信誉度的了解成为判断是否允许船舶离港的一个重要依据。

在港口使费备用金管理模式方面，一般由计划员负责估算、索要和控制港口使费备用金，财务部门负责港口使费备用金的收取、支付和结算。财务部门要么根据船代提供的相关协议规定支付港口使费备用金，要么根据船代审核签字的合法单据支付港口使费备用金。财务部门独立管理港口使费备用金的方式是有缺陷的，容易发生与实际业务脱节、控制过严或过松、协调困难等问题。港口使费备用金管理职责中还有一项任务就是抵制不合理收费和乱收费现象。作为船舶代理，既要守法守纪地兼顾有关分包方或官方机构的利益，也要把关代理服务质量，以免受到委托方的埋怨。

知识卡片

一、拖轮

拖轮又称为拖船，是用来拖曳没有自航能力的船舶、木排或协助大型船舶进出港口、靠离码头，或作救助海洋遇难船只的船舶。拖船没有装载货物的货舱，船身不大，但装有大功率的推进主机和拖曳设备，具有"个子小、力气大"的特点。拖船分海洋拖船、港作拖船和内河拖船。拖轮具有以下特点：

（1）船身小，船上没有装载货物的船舱，构造坚固。

（2）动力装置功率大，具有较大的拖带能力。

（3）备有拖带设备，利用拖带的方式拖带没有动力的船舶。

二、码头泊位

泊位，原来是航海的一个专用术语，指港区内能停靠船舶的位置。后来人们以此借喻，扩大了泊位的使用范围，把停放车辆叫作"泊车"，把能停放车辆的位置也称作"泊位"。码头泊位指港区内供船舶安全停泊并进行装卸作业所需的空间。这个空间包括水域、陆域和泊位上的设施（系缆桩、靠船桩等）。

三、锚地

锚地是供船舶抛锚停泊、避风、联检或进行装卸、过驳作业的水域。作为锚地的水域，要求水深适当，底质为泥质或砂质，有足够的锚位，不妨碍其他船舶的正常航行。

海港中的锚地分为港外锚地和港内锚地。港外锚地设在港外，主要是供船舶在进港前停泊等待引航或接受海关、边防检查以及检疫用，大船如果遇到台风可以在港外锚地避风。港内锚地一般设在有掩护的水域，主要供船舶等候靠泊码头或进行水上过驳作业用。河港的锚地一般只是用来进行水上过驳作业、船舶待泊或驳船船队编解。

任务二　进出口货运单证操作

任务导入

当国际船舶代理人与委托方建立国际船舶代理关系后，计划员或单证员应及时联系船方、港方、货方和其他有关方，积极落实进口货物的接卸准备情况或出口货物的备妥情况等，尽可能地为委托方节省船期。假设您是天津红星国际船舶代理有限公司的一名计划员或单证员，应该如何获取或制作进出口相关货运单证，办理进出口货运的业务呢？

任务分析

国际船舶代理人是沟通船方、货方、港方及口岸查验机构的桥梁。要完成上述工作任务，计划员或单证员需要清楚国际船舶代理人在整个进出口货运业务中的地位，熟悉进口放货业务和载货出口业务知识，能够操作进出口相关货运单证，具备较好的信息技术操作能力及沟通协调能力。

任务实施

一、熟悉进口放货业务

（一）进口单证的整理和核对

对载运进口货物的船舶，委托方一般会将卸货单证直接寄送或由装港代理寄送给卸港代理，相关单证有进口舱单、提单副本（或正本复印件）、货物积载图（集装箱船为箱位图）、危险品清单、超长超重超尺码货物清单、托送物品清单等。如未收到单证或收到的单证不全，计划员或单证员应在接到代理委托后尽快向委托方索要、补齐相关卸货单证。

计划员或单证员在收到各方转来的单证后，要及时跟踪船舶动态；认真审核收到的单证，落实本港卸货总数量，核实所收到的单证所显示货物数量是否与来港任务计划中所列数量一致，有无遗漏；核对进口舱单、提单副本和货物积载图所记载的数量是否一致。如发现单证不齐全或有互不相符的，应直接与委托方或装港代理联系核对并补齐。在单证收齐后，计划员或单证员应重点检查有无到付运费或其他费用的货物，如有，应在放货用的进口舱单上用红笔重点标注。此外，要检查各种单据的份数是否够用，不足的要复印补齐，在船舶靠泊计划下达后分发（或由外勤转交）给外轮理货、装卸公司、海关、外勤和其他相关单位，自己至少留一套完整的卸货单证。经办人员要注意在重要单证上标注收到日期及方式，对于由船方提供的单证，要注意让船方签字或加盖船章。

（二）发到货通知

一般情况下，收货人会从发货人发送的"装船通知"中获悉货物预期到港信息。即便如此，船东一般还是有义务（通过代理）向货主发送"到货通知"。"到货通知"可以是书面的（传真、电报、信函、电子邮件等），也可以是口头的（单一品种的大宗散货往往可以用电话通知）。计划员或单证员对于口头到货通知应做好记录，对于书面到货通知应该有留底和发送记录（收据）。

对于进口散装货物或其他需要直取货物（通常包括危险品货物和框架箱货物）的到港信息，计划员或单证员应尽早通知收货人，以便收货人安排接卸直取准备工作，否则船舶无法及时靠泊卸货。如果船舶开始卸货后，收货人仍未办理提货手续，计划员或单证员要发催提通知。

（三）正本提单审核

海运提单（简称提单）样本如图2-2所示。

Consignee		AAA LINES		
		BILL OF LADING		
Notify Party		RECEIVED by the Carrier the Goods as specified above in apparent good order and condition unless otherwise stated, to be transported to such place as agreed authorized or permitted herein and subject to all the terms and condition appearing on the front and reverse of this Bill of Lading to which the Merchant agrees by accepting this Bill of Lading, any local privileges and customs notwithstanding.		
Pre-carriage by	Place of Receipt	The particulars given below as stated by the shipper and the weight, measure quantity, condition, contents and value of the Goods are unknown to the Carrier.		
Ocean Vessel Voy. No.	Port of Loading	In WITNESS whereof one (1) original Bill of Lading has been signed if not otherwise stated below, the same being accomplished, any others to be void. If required by the Carrier one (1) original Bill of Lading must be surrendered duly endorsed in exchange for the Goods or Delivery Order.		
Port of Discharge	Place of Delivery			
Marks and Nos. Container No. Seal No.	No. of Containers or Packages	Description of Goods	Gross Weight （kgs）	Measurement （m³）
TOTAL NUMBER OF CONTAINER OR PACKAGES （IN WORDS）				
Ex. Rate	Freight Prepaid at	Payable at	Place and Date of Issue	
	Total Prepaid	Number of Original Bs/L	Signed for or on Behalf of the Carrier	

图2-2 海运提单样本

收货人持正本提单前来办理提货手续时，计划员或单证员必须严格按照规定的工作程序对其所呈交的提单进行审核，并应注意以下事项：

（1）提单的真伪和是否为正本提单（参照委托方或装港代理寄来的提单副本或正本复印件，以及有无"正本"或"Original"字样判断）；

（2）提单的签章或签字是否有疑问；

（3）提单上的船名、航次、装/卸港、提单号、货名、数量和重量等记载是否与收到的进口舱单、提单副本和货物积载图记载内容一致；

（4）"To order"提单（指示提单）是否有合格的背书，"Order"人和受让人以及提货人是否都已背书等，无法判断或有疑问时，应请示委托方；

（5）是否为到付运费提单，有无批注（包括需要收取其他费用的批注）等。

（四）签发提货单

计划员或单证员在审核提单无误并收取应收费用后，收回正本提单，在正本提单上加盖"已放货"（Accomplished）印章和放货当日的日期章，然后向货主签发提货单（Delivery Order，D/O）。提货单样本如图2-3所示。

提货单的内容应该填写完整且无误，必须与正本提单记载内容一致，重要内容（提单号、船名、航次、货名、件数、重量、集装箱号等）不能遗漏，货主使用自有箱的必须注明以便码头放箱给货主，填写签发日期并加盖专用放货印章后交货主。

计划员或单证员要注意索要前来提货的经办人员的姓名和电话号码，记录在该提货单所显示的位置上，便于日后查询和联系。必要时可留下经办人身份证复印件。签发提货单的工作必须由进口放货的专职人员来负责，其他任何人不得越权指挥或办理。

（五）放货

1. 放货手续

（1）对于集装箱货办理提货时，计划员或单证员要核查是否已产生滞箱费，如有，交清费用后方可办理，除此之外，还应办理还箱和超期留置费担保手续（货主自备箱除外）。有的港口采取让货主使用与代理签订协议并提供担保金的拖、卡车队提取集装箱的办法来解决超期留置担保问题。

（2）为无船承运人代理放货时，计划员或单证员需要先凭海运提单向无船承运人放货，再凭无船承运人签发的House B/L向指定的收货人放货。

以海运单（Sea Waybill）方式交货的必须有委托方（承运人）的书面指示以及相关书面协议和预留指定收货人的印鉴签字式样，经核对无误后，计划员或单证员方可签发D/O，指定收货人盖印签字后委托他人前来办理提货手续时，代办人也必须签字

××公司提货单 DELIVERY ORDER		NO.	
致：_____港区、场、站 收货人：_____ 下列货物已办妥手续，运费结清，准予交付收货人。			

船名	航次		起运港	目的地
提单号	交付条款		到付海运费	
卸货地点	到达日期		进库场日期	第一程运输

标记与集装箱号	货名	集装箱数	件数	重量（kgs）	体积（m³）

请核对放货。

　　　　　　　　　　　　　　　　　　　　　　　　××公司
　　　　　　　　　　　　　　　　　　　　　　　　年　月　日

凡属法定检验、检疫的进口商品，必须向有关监督机构申报。

收货人章	海关章		
1	2	3	4
5	6	7	8

图2-3　提货单样本

并提供身份证复印件。

2. 核对放货情况和催提

如果货物在船舶进口申报后三个月仍无货主申报纳税和领取，海关根据规定有权将货物罚没处理。因此，船代受托代表委托方向收货人交付货物，必须对进口货物的提货情况进行严格的跟踪管理，以便完成交货任务，如无法交付货物，船代有义务及时通知委托方。对进口货物的提货手续办理情况必须在进口舱单上给予记录标注。对于船舶卸货结束时仍没有来办理提货手续的，计划员或单证员要再次向收货人发出催提通知。对于发出催提通知后仍不来提货的，要继续定期发送催提通知。全船货物全部办完提货手续后才能关档和归档。对于船舶卸货结束一个月仍未办理提货手续的货物，计划员或单证员应该及时将情况通报给委托方，根据委托方指示采取相应措施。

德润匠心

数智赋能——基于区块链的无纸化放货业务

中国外代青岛分公司与中远海运散货运输有限公司、青岛港国际股份有限公司董家口分公司携手合作完成中远海运散货运输有限公司首单基于区块链电子提单的无纸化放货业务。

为贯通区块链电子提单与青岛港无纸化货物放行全流程，中国外代青岛分公司船务部在前期中远海运散货运输有限公司通过"全球航运商业网络"（GSBN）打通矿商、贸易商、终端用户及银行的贸易数字化流程的基础上，在终端通过大船代系统与青岛港的电子D/O系统对接，完成了此次全流程数字化的最后一个环节，实现了从提单签发、流转、收回到换取提货单、货物提取全流程的数字化。

满载该票货物的"锦霞峰"轮靠泊青岛港国际股份有限公司董家口分公司码头，在相关各方共同努力下，中国外代青岛分公司船务部正式通过大船代系统签署了电子D/O，完成了中远海运散货运输有限公司首单基于区块链的无纸化放货业务。

此次无纸化放货业务的成功实施，是中国外代青岛分公司船务部助力中远海运散货运输有限公司以数字化打通业务链上下游信息通道，提升客户服务效率和服务质量的又一次成功操作，为打造集团产业数字化平台，数智赋能客户插上新的翅膀。

二、熟悉载货出口业务

（一）出口订舱委托的评审

出口订舱委托评审的主要内容如下。

（1）船期、目的港的要求是否能满足。

（2）同一装货单列有两种以上货物的名称时，是否分别注明了件数、重量和规格。

（3）运费支付方式是否相符。

（4）注意危险品名称、等级、国际危规编号，危险品说明，鲜活货温度要求，重大件规格等内容，并征求委托方确认（如委托方有要求）。

（5）不同国家的同名卸货港是否注明国别。

（6）中转货是否能得到委托方和中转港的确认。

（二）审核下货纸

在发货人送来装货单（Shipping Order，又称"下货纸"）后，计划员或单证员应仔细审核下货纸上的各个条款，同时查阅信用证（如发货人能提供）及船公司的委托电，以确保承运条款、货种、货量和增减幅度相符。如发现不一致的情况，计划员或单证员应及时联系委托方和发货人，尽快取得一致。下货纸的内容包括船名、目的港、货种、装货数量、增减幅度等。在确认订舱评审未通过（不能接受委托）时，计划员或单证员应做好记录并报本部门经理签字确认后通知委托方。

在审核确认下货纸上的条款与信用证、委托电等信息一致后，计划员或单证员应对下货纸进行编号，并加盖船代签单章（作为已进行订舱评审并合格的标识），同时应在船代公司和发货人留底单据上标明所使用的提单格式。提单格式由委托方或承运人指定，船长或船代应提供指定的格式交发货人缮制。如涉及多个发货人或多票货物，计划员或单证员应按船舶的卸港顺序和货物流向对下货纸进行编号，如委托方有编号要求，则及时通知发货人以委托方编号为主。

（三）缮制装货清单和预配舱单

计划员或单证员依照下货纸上的条款缮制装货清单和预配舱单，然后在装货清单和预配舱单上加盖单证专用章，交给外勤或放入船卷，并电子归档。装货清单的内容至少包括船名、装卸港、装货单号、包装、货名、数量和增减幅度（如有）、货物的尺码（如有）、通知方及收货人全称、制单日期等，如有特殊要求，增加备注一栏。如发货人逾时加载或退载，需另编制装货清单，注明加载、取消或更正。缮制装货清单一般应在收到下货纸的当日内完成。散货出口预配舱单如图2-4所示。

1. Name of Vessel		2. Voyage No.			3. Captain		4. Sheet No.
5. Port of Loading		6. Port of Discharge				7. Date	
B/L No.	Marks & Numbers	Description of Goods	No. of Packages	Weight（kgs）Meas（cbm）	Shipper/Consignee/Notify Party		
Total							

图2-4　散货出口预配舱单

（四）发送出口舱单

1. 缮制出口舱单

计划员或单证员在出口预配舱单的基础上，删除退关数据，增补加载数据，校对船公司配载清单，并再次向货代核实装船数据，整理形成出口舱单（也称出口载货清单）（见图2－5）。船舶装货作业前，计划员或单证员将出口舱单通过单一窗口平台提交给海关。在海关进行出口装船比对过程中，船代需配合海关办理相关工作，这主要包括：按海关要求发送装载舱单数据，更改错误装载舱单数据，协助核查相关货物情况，其他海关要求的工作。

计划员或单证员在缮制出口舱单时应注意以下事项。

（1）出口舱单必须按不同卸港单独分别缮制，不能将两个不同卸港的货物打在同一页出口舱单上，转船货物必须在目的港后面加上中转港的名称。

（2）出口舱单应按提单号顺序缮制，不要出现顺序颠倒、跳号、重号等情况；各栏目内容应完整、正确，与提单内容保持一致，不能随意简略或将部分内容合并；件货有不同包装的要按包装类别分列，不能用"件"（Package）来替代，散装货物必须标注"In Bulk"，有压舱包的要标明压舱包数量，袋装货随货带有备用袋的要标明"备用袋"（Spare Bags）及其数量；重量统一以"kg"为单位（小数点后四舍五入）；收发货人栏应填写完整，不得私自截取或省略；集装箱运输中使用货主自有箱（SOC）时，应在出口舱单上注明，以便卸港交货时将箱子一起移交货主。

（3）冷藏货要注明保温要求，危险品应注明国际危规编号并在该票货名栏内加盖红色"危险品"（Dangerous Cargo）印章。出口舱单缮制完成后必须仔细核对，防止因错字而引发严重后果。原则上出口舱单号应与提单号保持一致。对于危险品，需要单独缮制一份危险品清单。超重、超尺码货物也需要分别单独缮制一份超重货物清单、一份超尺码货物清单，为船方和卸港提供便利。

2. 担保解锁

对于经出口装船信息比对不符而被加锁的货物，如属于船代发送的装载舱单错误，经海关核实，计划员或单证员可以向海关申请担保解锁。向海关申请解锁需提供如下单证：解锁保函、情况说明、报关单和查验记录单等。

3. 编制货物积载图

为便于码头安排装卸作业并便于管理货物，在货物装船前和货物装船结束后，船方或其代理人需要制作出显示每票货物或每个集装箱在船上堆放的位置图，这种图称为配载图、积载图或船图等。某船最终积载图如图2－6所示。

中华人民共和国海关

国际航行船舶出口载货清单

船名及种类：＿＿＿＿＿＿＿＿＿＿　　国籍：＿＿＿＿＿＿＿＿

国　　籍：＿＿＿＿＿＿＿＿

船长姓名：＿＿＿＿＿＿＿＿

经理人名称：＿＿＿＿＿＿＿＿

出口时日：＿＿＿＿年＿＿＿月＿＿＿日＿＿＿时

吨税执照到期日：＿＿＿＿年＿＿＿月＿＿＿日

清单送递海关时日（由海关填注）：＿＿＿＿＿＿＿＿

登记吨位：＿＿＿＿＿＿＿＿

总吨位：＿＿＿＿＿＿＿＿

驶往港：＿＿＿＿＿＿＿＿

停泊地点：＿＿＿＿＿＿＿＿

载货清单号码	提单号码	此栏由海关填注	标记及号码	货物件数	包装类型	货物名称	货物重量或体积	舱间部位	收货人	备注

兹声明上列各项正确无讹。此致

海关

　　日期：＿＿＿＿年＿＿＿月＿＿＿日

经理人签印：＿＿＿＿＿＿＿＿　　　　船长签印：＿＿＿＿＿＿＿＿

图 2 - 5　出口舱单

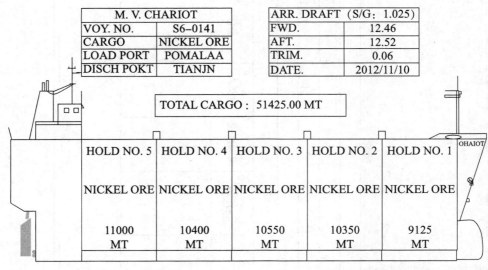

图 2-6　某船最终积载图

（五）发送出口清洁舱单

在船舶开航后 72 小时内，计划员或单证员需向海关发送出口清洁舱单。出口清洁舱单是反映出境运输工具所载货物信息的载体，是国际贸易中的重要一环。

1. 整理校对

计划员或单证员在装载舱单的基础上，通过与理货船图进行校对，向货代核实不一致的情况（如退关、加载等），最终形成实际装船的舱单数据。货代确认无误后，计划员或单证员开始制作出口清洁舱单。

2. 制作纸质和电子舱单

计划员或单证员将系统内的出口清洁舱单数据录入单一电子窗口系统。海关接收到申报数据后，海关电子报关系统自动签发回执。计划员或单证员在电子数据基础上制作纸质舱单，其内容需要包括国际中转和空箱数据。纸质舱单一份交给海关，一份交给船公司（船公司有要求的），一份留档。

3. 更改/撤销出口清洁舱单

计划员或单证员在向海关申报纸质和电子舱单数据后，如果需要更改/撤销舱单数据，需向海关提供如下单证，经现场海关审核并通过三级审批同意后，凭准确的纸质舱单办理有关更改/撤销手续。

（1）出口舱单修改/删除申请表；

（2）正确的纸质舱单；

（3）担保书；

（4）责任书；

（5）海运提单；

（6）海关认为必要的其他单证。

德润匠心

守正创新——上海外代船务部协助大客户打通日韩国际中转新通道

九月伊始，上海外代船务部接到了来自某大客户的紧急任务，两艘货轮"天禧"和"宝山希望"即将在上海港进行国际中转业务。国际中转业务的特殊性，对船代资质要求较高，再加上近年来上海港的国际中转业务量极少，上海外代船务部近十年未操作过该业务，非班轮船代系统目前也尚未涉及该板块，因此，这对上海外代船务部无疑是一场全新的考验。

上海外代船务部第一时间研究讨论应对方案。对外，航次经理多方协调海关、理货，打通第三方业务枢纽。对内，单证人员与系统开发人员多次联系沟通，积极寻找可用于散杂货的中转模式并巧妙套用，完成了前两道的舱单传输。

由于时间紧张，上海外代船务部没有多余时间进行预测试，国际中转报文的发送又遇"瓶颈"。恰逢中秋节，该部门紧急联系物流总部、中远海科项目组、公司信管部。在多方通力高效协作下，系统问题终于解决，最终顺利完成了海关电子舱单报文的实际发送，成功在一程船"天禧"轮的开航当天取得了海关的电子通关批文，二程船"宝山希望"轮仅用一天便完成了所有在港作业任务，有效地节省了大船二次靠泊韩国的费用。

通过此次国际中转业务项目，上海外代船务部成功恢复了中断十年的国际中转业务，为非班轮船代系统新增了国际中转业务模块，补全了该系统的短板，进一步提高了船代板块竞争力，得到了船东的高度肯定和认可。

（六）代签海运提单

1. 签发提单的操作

提单由承运人、船长或其代理人签发才产生效力。如为承运人或船长签署，必须标明其为承运人或船长；承运人自身签署的要注明"AS CARRIER"；如果是船舶代理签署提单，必须注明被代理人的名称和身份，标明"AS AGENT FOR CARRIER ××"。

具体的操作步骤为：船舶代理首先从船东处获取提单样本，然后比对出口清洁舱单，保证提单上货名、件数、毛重、收发货人等内容与出口清洁舱单一致，最后在提单上填写签发日期和地点，加盖船舶代理签单章，交给货代。

2. 代签提单授权

定期班轮的委托方大都是船东或船舶经营人，他们往往会在代理协议中规定全权授权船舶代理来签发提单，船舶代理则应按照委托方的指示和规定程序来签发提单。对不定期船，提单应该由船长签发。如船长委托船舶代理来签发提单，则船舶代理必须取得船长授权的提单签发授权委托书，如图 2-7 所示。应注意，授权委托书中尽量包含 "to sign and release clean on board original Bill of Lading" 字样，以免出现问题和争议后船长坚持提单加批或只让签而不让放的情况，给船舶代理的工作造成困难。

Tianjin, June19th, 2023
To: Tianjin Red Star Agency Co., Ltd.

AUTHORIZATION

Dear Sirs,
Please be kindly informed that, I, the undersigned Master, hereby authorize you, on my behalf, to sign and release clean on board original Bill of Lading to the shippers against the production of the Mate's Receipts duly signed by my Chief Officer for those cargo loaded on board my vessel at the port of Tianjin for the present voyage.

Your kind assistance shall be highly appreciated.

Yours faithfully,

Master: _____
M. V. JOURNEY

图 2-7　提单签发授权委托书

3. 签发提单

船舶代理接受委托后必须凭大副收据（或场站收据）来签发提单，提单内容必须与大副收据（或场站收据）记载内容一致。船舶代理在签发提单前必须对提单内容进行严格、仔细的检查核对，一旦出现差错可能会造成很大的损失。签发提单时应注意填写签发日期，提单上所表示正本提单份数必须与实际签发数一致，正本提单必须印有"正本"字样或加盖正本印，副本不要错用正本格式。没有取得 NVOCC（无船承运人）资质的船舶代理，不得接受其他 NVOCC 的委托为其签发提单。

船舶代理签发提单的具体操作如下。船代公司计划员或单证员在接受船东委托船舶代理签发提单的书面授权委托书或外勤转来的由船长签署的委签申请书后，要注意该种授权委托书或委签申请书上有关提单批注的要求，确保在船舶开航前与货方等有关方取得一致，以免耽误船期。在接受上述委托后，计划员或单证员应通知发货人在缮制提单时按国际商会跟单信用证统一惯例（UCP600）或信用证要求对提单签发人一栏作相应更改。在接受上述申请后，计划员或单证员要严格按货方呈送的大副收据的内容签发提单。需要注意的是，提单需经委托方确认，并收到签单和放单指示后才能签发。计划员或单证员在签发提单之前，应审核提单格式、抬头是否正确，船名、提单号及正本提单份数是否与实际相符，货名、标志、件数、重量（大、小写）、签单日期是否与大副收据一致。签发时，在提单上加盖提单签发专用章，然后交部门经理审核并在提单副本背面标识后或者经委托方确认后签发。签发完毕后，计划员或单证员留下足够的副本，其余的正、副本交给货方供结汇用。

计划员或单证员在处理以上单证时应注意，提单、舱单、大副收据要三单一致。如果大副收据上船方加有批注，应视批注的具体内容分别处理。对于惯例性的批注如"SHIPPER'S WEIGHT"或"SAID TO BE"等，应通知货方协商接受，并由货方出具相应内容的保函。对于影响货方结汇的批注如货物杂质过高等，或在签单时货方和船方争执不下，应及时联系委托方，并获得委托方的书面确认后再签发清洁提单。

（七）签发海运单

海运单（Sea Waybill，SWB）是证明海上货物运输合同和货物已经由承运人接管或装船，以及承运人保证将货物交给指定收货人的一种不可转让的单证。海运单必须记明收货人，因为收货人提货时不需出具正本海运单，而只要证明其是海运单中的收货人即可。海运单通常签发一份正本。

海运单的签发步骤如下：

（1）在装货港，托运人按要求将货物装船；

（2）承运人或船代收到货物后，为托运人签发海运单；

（3）托运人凭承运人签发的海运单或其他单证到银行结汇；

（4）船舶离港后，装货港的船代将海运单的内容以电子邮件的方式发送给卸货港船代；

（5）船舶到达卸货港之前，卸货港的船代向海运单上指明的收货人发出到货通知；

（6）收货人凭到货通知并出具身份证明，向卸货港船代领取提货单；

（7）收货人在码头或船边凭提货单领取货物。

知识卡片

"下货纸"是什么？

下货纸正式的名字叫装货单，是船公司在接受了托运人提出的装运申请后，签发给托运人的，用以命令船长将承运的货物装船的单据。它既能用作装船的依据，又是货主用以向海关办理出口货物申报手续的主要单据之一，因此又被称作"关单"。只有海关在下货纸上盖上放行章后，船长或大副才会接受货物装船。

下货纸对托运人来讲是办妥货物托运的证明，对船公司或其代理人来讲是通知船方接受装运该批货物的指示文件。其作用主要有：

（1）承运人确认承运货物的证明；

（2）海关对出口货物进行监管的单证；

（3）承运人通知船长收货装运的命令。

拓展练习

一、单项选择题

1. 船舶代理应要求委托方（　　）提供港口使费备用金。

A. 在船舶抵港前　　　　　　　　　　B. 在船舶抵港后

C. 在船舶开航前　　　　　　　　　　D. 在船舶开航后

2. 下列货运单证中，必须随船携带并要求船长对它的正确性负责的单证是（　　）。

A. 托运单　　　　B. 装货单　　　　C. 载货清单　　　　D. 收货单

3. 下列货运单证中，用来向海关进行出口申报，俗称"关单"的是（　　）。

A. 托运单　　　　B. 装货单　　　　C. 载货清单　　　　D. 收货单

4. 通常在正本提单上都列明承运人或其代理人已经签署的正本提单份数，提货时（　　）。

A. 只需使用其中一份即可提取货物，其余各份同时失效

B. 必须使用全套已签发的正本提单来提货

C. 无须使用正本提单就可以提货

D. 需要出示全套正本提单，但只需上缴其中一份即可提货

5. 收货人或其代理人据以向码头仓库或船边提取货物的凭证是（　　）。

A. 舱单　　　　B. 提单　　　　C. 大副收据　　　　D. 提货单

6. 以图示形式来表示货物在船上和船舱内具体装载位置的单证被称为（　　）。

A. 装货单　　　　B. 货物积载图　　　　C. 载货清单　　　　D. 装货清单

7. 船舶总吨位反映的是船舶（　　）的大小。

A. 排水量　　　　B. 总载重量　　　　C. 总载货量　　　　D. 容积

8. 已知船舶满载时船上有货物8000吨，燃油320吨，淡水180吨，船用备品20

吨，船舶常数 100 吨，空船重量 3000 吨，此时船舶的总载重吨等于（　　　）。

A. 8020 吨　　　　B. 8520 吨　　　　C. 11620 吨　　　　D. 8620 吨

9. （　　　） is a document of title to the goods and can be sold merely by endorsement.

A. Bill of lading　　　B. Airway bill　　　C. Invoice　　　D. Packing list

10. When issuing Bill of Lading, shipping agent should （　　　）.

A. not necessarily get the authorization from carrier or ship's Master

B. get the authorization from carrier or ship's Master

C. get the authorization from ship management company

D. get the authorization from shipping agency

二、多项选择题

1. 以下项目中，属于港口使费备用金估算项目的有（　　　）。

A. 拖轮费　　　　B. 船舶代理费　　　C. 停泊费　　　　D. 滞期费

2. 在下列港口使费费收项目中，按船舶净吨位计收有（　　　）。

A. 船舶吨税　　　B. 检疫费　　　　C. 引航费　　　　D. 停泊费

3. （　　　） 是船代业务中需要处理的单证。

A. B/L　　　　　B. M/F　　　　　C. L/C　　　　　D. D/O

4. 有权签发正本提单的人可以是（　　　）。

A. 租船经纪人　　　　　　　B. 经承运人授权的代理人

C. 船公司代表　　　　　　　D. 船长

5. （　　　） could be calculated by ship net tonnage in port disbursement.

A. Tugs hire　　　B. Tonnage dues　　　C. Pilotage fee　　　D. Anchorage fee

三、判断题

1. 船舶代理应要求委托方在船舶到港之前支付港口使费备用金。（　　　）

2. 港口使费备用金的索汇项目中一般不包括速遣费用。（　　　）

3. 绘制船图是船方的职责，由于配载不当造成货损货差的，承运人负有赔偿责任。因此，无论是船方自行绘制的还是由船代协助船方绘制的船图，船代在分发船图前必须让船方在船图上签字确认（或加盖船章）并至少存档一份原件备查。（　　　）

4. 凡是驶入我国港口或行驶于我国港口之间的外国籍船舶、外商租用的中国籍船舶、中外合营企业租用的外国籍船舶都要缴纳船舶吨税。（　　　）

5. Manifest is taken as the legal document to take delivery of goods shipside or from depot by consignee or agent. （　　　）

6. A delivery order is issued by the carrier or his agent to enable the consignee or his agent to take delivery of the cargo from the vessel. （　　　）

7. Sea waybill is ocean bill of lading for short. （　　　）

8. Mate's receipt is issued by the forwarder to the shipper. （　　　）

9. Original B/L must be issued as per cargo manifest. （　　　）

10. At the end of the business forms or documents we have the captain's signature. （　　　）

四、操作题

请根据以下背景材料，填制船舶概况表（见表 2 - 6）和港口使费备用金估算单（见表 2 - 7）。

Vsl's particulars：

—Name：Rainbow

—Built：2013

—Flag：Panama

—Shipowner：MSK

—Call sign：DC11752

—Classification society：BV

　—Type：Bulk Carrier

　—DWT/DWCC：57367/55352 on 12. 8 m

　—GRT/NRT：32367/21000

—LOA/BM/D：190. 5/32. 8/16. 8 m

—Max draft：10. 5 m

　—Geared：4 Cranes 30 MT

　—No. of holds/hatches：5/5

BBB. Cargo/Activity details：Discharging 50,020 MT iron ore in bulk

表 2 - 6　　　　　　　　　　　　船舶概况表

船名		船舶呼号	
国籍		船级社	
船东		船舶类型	
总长（m）		船宽（m）	
最大吃水（m）		总吨（t）	

表 2 - 7　　　　　　　　　　港口使费备用金估算单
ESTIMATED PORT DISBURSEMENT

VSL NAME			
DATE	7th Jun. 2022		
SHIP'S NRT			
NATIONALITY			
CARGO'S TYPE & QUANTITY			
EXCHANGE RATE	6.8		
ITEMS	USD	CNY	CALCULATION
PILOTAGE			
TONNAGE DUES			
ANCHORAGE FEE			NRT × RATE 0.05 ×2 DAYS
BERTHAGE FEE			NRT × RATE 0.25 ×4 DAYS
TUGS HIRE		36000	IN LUMPSUM AGAINST AGENCY PROFORMA INVOICE
CHARGES FOR QUARANTINE		3000	FINAL CHARGE AGAINST ORIGINAL INVOICE
GARBAGE COLLECTION FEE		1500	IN LUMPSUM
TRAFFIC & COMMS FEE		2000	IN LUMPSUM
SUNDRIES		2000	IN LUMPSUM
AGENCY FEE		32000	IN LUMPSUM
TOTAL DISBMTS			

五、实训项目

假设您是 Tianjin Red Star Shipping Agency Co., Ltd. 的计划员, 收到一封来自 Victory Shipping Co., Ltd. 的英文邮件, 请结合实训素材内容, 估算船舶在天津新港的港口使费备用金。

(一) 实训要点

实训任务	港口使费备用金的估算
实训目标	准确估算港口使费备用金, 并制作港口使费备用金估算单
实训时间	80 分钟 (建议)
实训地点	实训机房 (建议)

实训素材	船舶代理业务案例与往来邮件
实训要求	实训任务背景，结合相应教学资料，估算港口使费备用金，并制作出 Excel 格式的港口使费备用金估算单
实训步骤	（1）阅读船代业务案例与往来邮件； （2）从教材中查找常见港口费收项目计费标准； （3）进行港口使费备用金估算； （4）参考教材中的示例，制作出 Excel 格式的港口使费备用金估算单
评价方式	学生互评，教师点评

（二）实训素材

（1）Tianjin Red Star Shipping Agency Co., Ltd. 收到来自 Victory Shipping Co., Ltd. 的英文邮件如下。

RE：M/V PEACE V. 815—AGENCY APPOINTMENT

DEAR SIRS,

WE ARE PLEASED TO INFM YOU THAT ABOVE MENTIONED VSL FXD TO CALL AT TIANJIN XINGANG FOR LOADING IRON ORE. IN THIS CONNECTION, WE'D LIKE TO ASK YOU TO ACT AS OUR AGTS WZ PAYING KIND ATTENTION TO FLWGS. THANKS.

AAA. SUMMARY OF FIXTURE NOTE

—CHRTR：RAINBOW CORPORATION

—SHPRS：XINHUA IRON ORE CO., LTD.

—CONSIGNEE：MIZUKI STEEL CORPORATION

—LAY/CAN：12TH – 22ND/JUNE

—L/PORT：1 SB, 1 SP OF XINGANG/CHINA

—D/PORT：1 SB, 1 SP OF KOBE/JAPAN

—CGO QTTY：IRON ORE IN BULK. 17,000 MT 10% MOLOO

—L/RATE：10,000 MT WWD SHEX UU

—D/COSTS：F. I. O. T.

BBB. SHIP'S PARTICULAR

—NAME：PEACE

—FLAG：TURKEY

—CALL SIGN：VRCC7

—BUILT：2013

—CLASS：D. N. V.

—DWT：17,615 MT

—GRT/NRT：11,052 T/6,670 T

—LOA/BEAM：141. 13/21. 50（M）

—DRAFT：8. 95 M

—HATCH：4 HATCH/HOLD（1H/16. 30×12. 00 M；2，3，4H/19. 50×12. 00 M）

CCC. ETA TIANJIN：JUNE. 17TH，2023.

DDD...

THANKS/BEST REGARDS.

（2）包干费用预估（单位：元）。

拖轮租用费：14800

卫生检疫费：2500

垃圾回收费：1500

交通 & 通信费：2000

污泥处理费：2000

杂费：2500

代理费：21000

预计锚地停泊 3 天，泊位停泊 2 天。EX. rate：1 USD＝7. 1 CNY

教学目标

知识目标

了解船舶代理值班调度员岗位的职责与主要工作内容；掌握船舶代理常用的船舶动态报的识读及书写；熟悉甚高频无线电话的应用。

技能目标

能够及时、准确地发送船舶动态报；能够进行基本的英语交流。

思政目标

培养学生诚实守信、勇于担当的优秀品质，培养学生的职业道德和社会责任感。

知识要点结构图

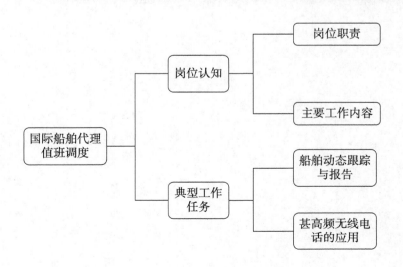

岗位认知

一、值班调度员岗位职责

（1）执行港口生产调度通信规程，保证值班调度岗位 24 小时有人在岗；

（2）负责船舶预报、确报的接收、核准，及时做好向港方和各联检单位的电脑传输和传真收发工作；

（3）负责船舶动态的接收、核准，收到动态后及时通知各联检单位及外勤，并做好通知记录；

（4）负责将船舶进港动态以高频、电传、卫通、电子邮件等形式通知船方；

（5）负责向港方调度了解船舶在港作业进度情况；

（6）负责气象状况的跟踪；

（7）负责调度日志的填写工作；

（8）负责每日调度交接班汇报工作，做好交接班衔接工作。

二、值班调度员主要工作内容

（一）船舶动态监控及变更

值班调度员每日查看相关电报并接听电话，若接到船舶调度和引航站调度通知的船期变更指示，则在每日船舶动态表的调度日志中记录船舶动态变更计划，洽引航站调度协商重新安排引水时间，并通知船长和委托方。若遇紧急变更，则立刻打电话给船长，若在一定时间内船长没有书面回复，也需打电话确认船上是否收到变更计划；将纸质船舶动态变更表传真给海事、边防检查站、海关，并电话通知外勤和综合服务人员。若遇到船舶晚开等情况，可以直接通知外勤和船方，无须传真纸质变更动态表给各相关方。

（二）船舶动态发送

在每日船舶动态表上记录外勤汇报的实时动态，内容包括：船舶实际靠泊/移泊/开航时间、吃水、作业进度、存油水状况、吨税信息、发报时间、发报人等。

将船舶实际靠泊/移泊/开航时间、存油水、吨税信息、发报时间等数据录入业务系统，及时按各委托方的要求向委托方发送靠泊报、开航报、移泊报。发送时间一般为船靠泊后 2 小时内、船开航后 1 小时内。待所有动态报和进度报发送完毕后，在每日船舶动态表上签上操作人员姓名并做已完成的标记。

（三）处理突发事件

船舶如有任何非正常情况，如遇急救伤员、海事突发事件等，或发生任何造成船舶动态变更的重大事项，如船员漏船、船舶证书过期、安全检查不合格等，需在调度日志上详细记录事件的发生经过和处理情况，及时告知航次经理和委托方，并将通知时间、接受通知方、通知内容一并记录在调度日志上。重大事件第一时间汇报相关领导。

任务一　船舶动态跟踪与报告

任务导入

由天津红星国际船舶代理有限公司代理的"征途"号外国籍散货船预计于 2025 年 6 月 17 日抵达天津新港，并计划卸货 53200 吨的散装镍矿。"征途"号于 2025 年 6 月 20 日靠泊，当天开始卸货，6 月 23 日驶离新港。为了合理安排船舶在港作业，请模拟值班调度员的工作，跟踪并报告船舶动态。

任务分析

值班调度员主要负责 24 小时跟踪船舶动态，并编写船舶动态报，即需根据船舶到港、靠泊、开工、离港时间及时向有关部门发送船舶动态报。为完成该工作，值班调度员需要熟悉相关工作流程，了解船舶动态报的主要内容。

任务实施

一、值班调度员工作交接

值班调度岗实行倒班制，要求 24 小时有值班调度员在岗。每班工作结束时，值班调度员需要进行工作交接。对发生在值班期间的各种事情，应及时处理并做好记录。如有无法处理完毕的事项，应记入调度日志交接班记录栏中，移交接班值班调度员处理。若没有交接事项，则在交接记录栏中标注"NIL"。

二、船期表与船舶动态更新

值班调度员每天需与港口相关当局联系，核对船舶动态，合理安排作业计划。

（一）船期表

日班调度员根据港方所定的船期计划和白天收到的各种电传、传真、电报，于每天下班前制妥船期表并发送给各有关单位。夜班调度员根据所做单船计划、船期通知及夜间收到的各种电传、传真、电报和每天作业动态进度，于第二天0800时（具体时间视各船代公司规定）前制妥船期表并发送给各有关单位。所有底稿必须按要求留存。

（二）船舶动态

值班调度员在接到港口相关当局船舶靠泊、移泊、开航、作业计划及船方、外勤报告靠泊、开航计划等时，需在调度日志上做记录，记录通知人、通知时间，并及时通知有关单位，同时记录通知时间和被通知人。通知件留底，每月装订归档，保存三年。

三、船舶动态报的发送

值班调度员应及时将船舶动态（进港、出港）以电传、传真、甚高频等有效途径通知有关船上或有关部门，随时跟踪船舶动态。

微课：船舶动态报告

（一）船舶指泊报

（1）值班调度员负责接收船方电传、传真、电子邮件、船东传真或计划员的船舶抵港信息，根据船舶规范、船舶抵港时间等信息，及时输入港口生产调度计算机系统中，打印出船舶预确报报表，并记录在调度日志中。

（2）外贸船舶应在预确报报表上注明上港名称、船舶航次及海关编号，以传真形式发送给海关、海事局、边防检查站。

（3）根据船长或委托方第一次确报电，以电报或电传形式向船长拍发指泊报。指泊是根据来船的吃水情况指定相应的锚地。

根据任务资料，编写指泊报如下。

Dear Sirs,

Good day!

Report Type：ANCHORING REPORT

Port Name：Xingang

Ship's Position at 1200LT：3851N/11706E

FO ROB：832. 6

DO ROB：58. 7

FW ROB：85

Distance from Pilot Station：19 NM

Weather：Fair

Wind Force：3

Wind Direction：SW

Remarks：ETB on 21－Jun－2023 AM

Best Regards.

（二）船舶抵港报

值班调度员应在船舶抵港后，向外勤了解船舶抵港状况，及时（不晚于半个工作日）以书面形式向委托方发送船舶抵港报，报告内容包括：抵港时间，船舶存油水，船舶前后吃水，预计靠泊/确切靠泊时间，开始装/卸时间（若有），预抵下港时间（若有）。

根据任务资料，编写抵港报如下。

Arrival Report of M/V JOURNEY

Dear Sirs,

Good day!

Please kindly be advised the berthing report of the above vessel as follows：

——Vessel arrive at Tianjin Xingang at 1635hrs/20th/Jun.

——Notice of Readiness was tendered at 0950hrs/21st/Jun.

——Arrival condition：

FO ROB＝505. 2 MT

DO ROB＝36. 7 MT

FW ROB＝83 MT

Ballast Water ROB＝18，032. 6 MT

Draft fore/aft = 6. 50 M/7. 93 M

—Vessel's ETB try 1000hrs/21st/Jun.

—The expected time of commenced loading at 1800hrs/22nd/Jun.

—Vessel's ETD try 2000hrs/24th/Jun.

Weather forecast：

Cloudy， Northwest Wind 3 ~ 4， Temp. 28 ~ 21℃

Best Regards， Operation Dept.

****

Tianjin Red Star Agency Co.， Ltd.

（三）靠泊报

值班调度员应在船舶靠泊后，向外勤了解船舶靠泊状况，及时（一个小时内）向委托方拍发靠泊报。报告主要内容包括船舶引水、靠泊时间、泊位名称、预计开工时间等。当遇到下列特殊情况时，值班调度员应做相应的处理。

（1）若靠泊时间和开工时间间隔较长，即靠泊和开工时间不在同一小时内完成的，需要先发靠泊电，1 小时以后发送开工报。

（2）若靠泊后 2 小时以上仍未接到外勤告知开工时间时，在主动向外勤了解原因后向委托方拍发未开工原因，并告知预计开工作业时间。

根据任务资料，编写靠泊报如下。

Berthing Report of M/V JOURNEY

Dear Sirs,

Good day!

Please kindly be advised the berthing report of the above vessel as follows：

—Pilot on board at 1020hrs/21st/Jun.

—Vessel anchor up at 1040hrs/21st/Jun.

—First line ashore at 1205hrs/21st/Jun.

—All fast， vessel berthed alongside of berth G26 at 1235hrs/21st/Jun.

—Berthing condition：

FO ROB = 468. 5 MT

DO ROB = 36. 7 MT

FW ROB = 50. 3 MT

Draft fore/aft = 6. 15 M/7. 66 M

—The expected time of commenced loading at 2000hrs/21st/Jun.

—Vessel's ETD try 2100/23rd/Jun.

—Vessel's boarding agent Mr. Liu 136×××××××.

Weather forecast：

Cloudy，Northwest Wind 3~4，Temp. 28~21℃

Best Regards，Operation Dept.

****

Tianjin Red Star Agency Co.，Ltd.

（四）船舶动态日报

（1）船舶靠港后，开始装卸作业。装卸作业期间，每天上午，值班调度员应与外勤和港口相关部门核对在港作业船舶装卸进度，向委托方拍发船舶动态日报，并在船舶动态表上记录货物已装/卸数量、剩余量、计划开航时间（若有），并将上述信息发送给委托方。

（2）对于锚地作业的船舶，值班调度员应根据外勤或港方调度提供的最新船舶动态，每天至少一次以书面形式向委托方报告船舶动态。

（3）对于修理、加油、锚地待命等特殊船舶，值班调度员应掌握船舶加油、修理进度，查明锚地等泊原因，按委托方要求发动态电，无特殊情况可以不发。

（4）如遇到严重影响装卸进度的作业或停工情况，值班调度员应及时报告委托方。恢复作业后，值班调度员应做好作业恢复的通知。

（5）在发生泊位作业船舶移泊或出海下锚情况时，由外勤通知引航员实施。值班调度员在收到有关移泊时间的通知后，及时更改泊位号或锚位，并在调度日志上注明。

（6）按公司要求，向公司及有关部门汇报在港船舶动态。

（五）船舶紧急/突发情况报

船舶在港发生碰撞、火灾、共同海损、断缆漂离码头、走锚、人员伤亡、船员违章等紧急/突发情况，值班调度员应立即以电传、传真、电话或其他有效途径通知委托方。

（六）船舶离港报

根据外勤的单船作业记录，在船舶开航后，值班调度员及时（不晚于半个工作日）以书面形式向委托方报告船舶离港情况，主要内容包括装卸完成时间、完装数量、存油水量、前后吃水、离港时间、预抵下港时间（若有）。

根据任务资料，编写离港报如下。

Departure Report of M/V JOURNEY

Dear Sirs,

Good day!

Please kindly be advised the departure report of the above vessel as follows:

—Loading commenced at 1900hrs/21st/Jun.

—Loading completed at 2115hrs/23rd/Jun.

—Final Draft Survey completed at 2220hrs/23rd/Jun.

—Vessel sailed from Xingang at 2335hrs/23rd/Jun.

—Vessel loaded 55,000 MT iron ore in bulk.

—Departure condition:

FO ROB = 828. 5 MT

DO ROB = 109 MT

FW ROB = 223. 5 MT

Draft fore/aft = 10. 85 M/11. 75 M

—Vessel Supplied FO 360/DO 80/FW 180

—Next calling port is Kobe.

—ETA Kobe abt 0600hrs/25th/Jun.

Weather forecast:

Fair, South Wind 2 ~ 3, Temp. 27 ~ 22℃

Best Regards, Operation Dept.

****

Tianjin Red Star Agency Co., Ltd.

（七）注意事项

（1）上述船舶动态报在值班调度员获得动态信息后的 2 小时内拍发，拍发方式可以用电传或传真，也可以用电话（但要在电话记录单加以记录）。若超过 2 小时，值班调度员应在调度日志或电传、传真上注明原因。

（2）值班调度员应确保有证据证明船舶电报已经发出：电传以发出的电传留底、传真以发出后的回条显示为准。值班调度员应确保电传、传真或电话形式的电报已存档。

（3）对于值班调度员，需要考核船舶动态联系合格率，保证船舶动态联系合格率不低于98%。船舶动态联系合格率计算公式：船舶动态联系合格率 = 资料齐全、联系及时的船舶艘数/本月代理船舶总艘数×100%。船舶动态联系合格率的统计由部门经理负责。

四、天气预报

值班调度员需跟踪港区气象预报，并在调度日志气象栏内做记录。

非台风期间，每天早上当班调度员收听气象预报一次，并发送船舶和公司相关部门。

若当地有台风警报，当班调度员需在每天上午、中午、下午跟踪气象预报三次，了解台风走势，及时向公司抗台小组汇报。

知识卡片

船舶动态报常用英语词汇

NOR：Notice of Readiness　　装卸准备就绪通知书

ETB：Estimated Time of Berthing　　预计靠泊时间

ETD：Estimated Time of Departure　　预计离港时间

FO：Fuel Oil　　重油（燃油）

DO：Diesel Oil　　轻油（柴油）

FW：Fresh Water　　淡水

ballast water　　压舱水（压载水）

ROB：Remaining of Balance　　剩余存量

draft fore　　艏吃水，船首吃水

draft aft　　艉吃水，船尾吃水

anchor up　　船舶起锚

pilot on board　　引航员登轮

made fast　　系紧缆绳

first line ashore　　第一根缆绳上岸

all fast　　船舶靠妥

任务二　甚高频无线电话的应用

任务导入

"征途"号船舶即将抵达天津新港，天津红星国际船舶代理有限公司值班调度员在和船长利用甚高频无线电话就船舶抵港时间和抵港地点等信息进行交流。

任务分析

岸上人员在与船上人员交流时，常用的方式有电话、传真、甚高频无线电话等。随着信息化的发展，电话和传真的快捷性和方便性得到了越来越多的应用。但是，甚高频无线电话具有信号稳定、通信容量大、可靠性强、音质清晰和国际化等特点，仍然在船/岸交流中占据着重要的地位。

值班调度员在与进出港船舶船长联系时经常会用到甚高频无线电话通信设备。

任务实施

一、了解甚高频相关知识

（一）甚高频无线电话的发展

甚高频无线电话（简称 VHF 无线电话）是一种利用超短波直线传播的特点在有效通信距离范围内进行信息传递的方式。

VHF 设备样机如图 3 - 1 所示。

航运发展初期，进出港口的船舶进行船岸之间的联系，主要靠灯光、旗语、汽笛和交通船往来送信。这些方式不可靠、不及时，效率低，遇到雾天、雨天或台风天气，船岸间经常无法联系，使航行安全及生产调度指挥受到影响，甚至会使船舶发生海损事故。随着港航运输生产的迅速发展，船舶进出港口和锚泊作业日益繁忙，船与岸或船与船之间的各种业务联系大大增加，原有的视觉通信方式已远远不能适应港口现代化运输生产的需要，两者的矛盾更加突出。因此，无线电话通信方式开始应用于海上

图 3 – 1　VHF 设备样机

运输之中。

1947 年，国际电信联盟在大西洋城召开的国际无线电会议所制定的《无线电规则》，明确规定甚高频无线电话为世界各国船舶进出港口的主要通信手段。其频率范围为 156 ~ 174 兆赫，分为 28 个频道，频率间隔为 50 千赫，频道序号为 01 ~ 28。为了满足国际航运贸易日益增长的通话量的需求，国际电信联盟在 1967 年日内瓦召开的世界无线电行政大会上，对甚高频无线电话的技术体制进行了修改，将频率间隔从 50 千赫压缩为 25 千赫，即在 01 ~ 28 个顺序号的频道间，增加了 29 个附加频道，其编号顺序为 60 ~ 88。该新增的频道号数自 1983 年 1 月 1 日起推广使用。到目前为止，甚高频无线电话共计 57 个频道。

我国自 1973 年即着手准备开展甚高频无线电话通信工作，1975 年上海港务监督，外轮代理公司曾先后对国轮、外轮开放了甚高频无线电话业务，深受各有关单位和国轮、外轮的欢迎。

目前，沿海及内河各主要港口分别设置有从事水上移动业务的海岸无线电话台、从事港口通信业务的港口电话台，以及本企业内部船岸之间进行生产调度指挥的专用话台。

（二）甚高频无线电话的使用

船方与船舶代理之间联系时，甚高频无线电话是经常使用的一种通信工具。船舶代理应了解无线电通信的一些基础常识并掌握一些专业英语词汇。一般情况下，当值班调度员需要使用甚高频无线电话且将频道调至规定的频道后，不要马上呼叫或通话，应注意静听一会儿，在确认没有其他人使用该频道后才可开始呼叫或通话。

遇到船舶求救或相关机构在进行抢险救助通话时，必须将频道主动让出，不得占用救助抢险的频道。使用无线电通信时常常会使用码语，值班调度员要熟记字母拼读方式。

（三）船舶通信码语

船舶通信码语如表 3 - 1 所示。

表 3 - 1　　　　　　　　　　　　　船舶通信码语

字母	代号	字母	代号
A	Alfa	S	Sierra
B	Bravo	T	Tango
C	Charlie	U	Uniform
D	Delta	V	Victor
E	Echo	W	Whiskey
F	Foxtrot	X	X - ray
G	Golf	Y	Yankee
H	Hotel	Z	Zulu
I	India	0	Nadazero
J	Juliett	1	Unaone
K	Kilo	2	Bissotwo
L	Lima	3	Terrathree
M	Mike	4	Kartefour
N	November	5	Pantafive
O	Oscar	6	Soxisix
P	Papa	7	Setteseven
Q	Quebec	8	Oktoeight
R	Romeo	9	Novenine
.（小数点）	Decimal	。（句号）	Stop

二、英文会话示例

Captain："Cosmos"，"Cosmos"，"Cosmos"，this is motor vessel "Ocean Star" calling, do you read me? Over.

Agent："Ocean Star"，"Ocean Star"，"Ocean Star"，this is "Cosmos" replying. Is that Captain speaking? Over.

Captain：Yes，this is Captain William speaking. May I speak with my agent? Over.

Agent：Roger，please wait a moment.

Agent：Motor vessel "Ocean Star"，"Cosmos" is calling. Over.

Captain："Cosmos", this is motor vessel "Ocean Star", go ahead please. Over.

Agent：Captain William, good morning and welcome to Dalian. This is Wang speaking. I am your agent and will look after your good vessel during her stay in the port of Dalian. Can you please let me know anchor time and anchor position? Over.

Captain：Good morning, Mr. Wang. It's very nice to talk with you. My anchor time was 0645 hours this morning and anchor position is 39 degree 01 minute 25 seconds latitude and 119 degrees 02 minutes 30 seconds longitude. Over.

Agent：Roger, anchor time was 0635 hours. Over.

Captain：Negative, my anchor time was 0645 hours, I repeat: 0645 hours. Nadazero, Soxisix, Kartefour, Pantafive. Over.

Agent：Sorry, Captain, by interference, I cannot read you well. Can you please change to channel 12? Over.

Captain：Roger, shifting to channel 12. Over.

Captain："Cosmos", "Ocean Star" is calling. Over.

Agent："Ocean Star", this is Cosmos Wang speaking. Your anchor time was 0645 hours. I repeat 0645 hours, is that correct? Over.

Captain：Affirmative, 0645 hours. Over.

Agent：Could you please give me your anchor position again by bearing and distance from the Huangbaizui Lighthouse? Over.

Captain：Roger, I will call you back 5 minutes later to give you the position on channel 12. Over.

Agent：Roger, standing by on channel 12. Over and out.

Captain：Out.

(5 minutes later)

Captain："Cosmos", "Cosmos", "Ocean Star" is calling. Over.

Agent："Super Star", this is Wang from Cosmos replying, go ahead please. Over.

Captain：My anchor position is bearing 230 degrees and 4.5 miles from Huangbaizui Lighthouse. Over.

Agent：All right, I got it. It is 4.5 miles from Huangbaizui Lighthouse with bearing 230 degrees. Over.

Captain：Yes. That's right. By the way, when will my ship get alongside? Over.

Agent：The berthing schedule is not fixed yet. The berthing plan will be announced at 11 o'clock every morning. Please keep watch on channel 25. Over.

Captain：We will stand by all the time on channel 25. Please call us when berthing schedule being fixed. Over and out.

Agent：Out.

知识卡片

一、甚高频无线电话通信常用术语及短语

please use the standard Marine Navigational Vocabulary	请用标准航海用语
calling	呼叫
over	我讲完了
out	结束通话
this is	这里是
please spell	请拼写
go ahead	请继续讲
say again	请再说一遍
roger	收到/明白/知道了
stand-by	等着/守听
interruption	干扰
correction	纠正/更正
mistake	错误
repeat	重复
affirmative（Yes）	对的/正确
negative（No）	错的/不对
how do you read me	您听得清吗

二、无线电波段划分

表 3-2　　　　　　无线电波段划分（部分）

名称	简写	简称	频率	波长
微波	SHF	超高频	3 GHz ~ 30 GHz	0.01 m ~ 0.1 m
微波	UHF	特高频	300 MHz ~ 3000 MHz	0.1 m ~ 1 m
超短波	VHF	甚高频	30 MHz ~ 300 MHz	1 m ~ 10 m
短波	HF	高频	3 MHz ~ 30 MHz	10 m ~ 100 m
中波	MF	中频	300 kHz ~ 3000 kHz	100 m ~ 1000 m
长波	LF	低频	30 kHz ~ 300 kHz	1 km ~ 10 km

德润匠心

交通强国——保障航海安全 打破海上通信导航技术壁垒

海洋科技发达是海洋强国的重要标志。大连海事大学研发了我国首台VDES产品和AIS/VDES R—模式产品，打破了国外厂家长期垄断海上通信产品市场的格局，填补了我国的产业空白。大连海事大学航海保障技术研究试点团队主要负责人说，学校依托航海保障技术研究试点任务实施，突破了多项关键核心技术，部分技术已经转化应用并取得一定成效。

——突破海上多带宽、多调制宽带通信关键技术，构建海上多模式宽带通信的均衡收发方案模型，设计全频谱感知方案、全数字调制解调和编码方案以及模拟语音对讲融合方案，实现海上船岸宽带通信。相关成果转化令四十余项技术指标写入国际标准。

——突破新一代海上卫星通信网络、船—岸—星跨视距自组织组网技术，设计链路层方案，构建海区船舶随动状态模型，设计船—岸—星跨视距自组织网络架构，攻克点对点组网方案和无线网格网络组网方案等技术难题。相关成果已完成产品研发并逐步开展示范应用。

——突破海上多模式智能导助航关键技术，实现在不改变原有VDES通信功能的条件下，利用VDES信号进行定位，实现基于微机电系统的多源导航信息融合，构建多源导航完好性评估体系架构。相关产品在我国北部海域进行了应用测试，定位精度指标优于欧洲同类系统一个数量级，其中"单时隙定位方法"开创了AIS/VDES定位导航技术新领域。

拓展练习

一、填空题

请从给出的单词中选择合适的填空，使句意完整（单词可重复使用）。

参考答案

BERTHING/ETA/ETB/ETD/MORNING/NOON/INWARD/OUTWARD/CHANDLER/
SUPPLIER/PROVISIONS/BUNKERS/MATERIALS/SUPPLIED/REGARDS/ATTENTION/
RESPECT

A. 来电

兹通知我轮预 27 日晨抵您港。希予以尽快安排靠泊。同时，请注意我轮在靠泊后急需上伙食和加油，请关照，致谢。

PLS B ADVISED MY VSL _____(1)_____ YR PORT _____(2)_____ 27TH.

HOPING HER QUICK _____(3)_____ WL B ARRANGED. M'TIME, PLS B NOTED MY VSL NEEDS TO TAKE _____(4)_____ AND _____(5)_____ SOON AFTER HER BERTHING ALONGSIDE.

THANK YOU BRFOREHAND FOR YOUR KIND _____(6)_____ TO THE ABOVE.

B. 复电

关于"E"轮第 ×× 航次，参您 27 日电，现答复如下：

1. 如果天气允许，贵轮在办完进口联检手续后，即予靠泊。

2. 贵轮靠好码头后，船舶供应人员立即上船与贵轮商谈伙食供应问题。

3. 据燃料供应公司称，燃油可于 28 日中午备妥。即在靠泊后的第二天加油。

RE：M. V. "E" VOY. ××

RYTLX DD 27TH REPLY AS FLWS：

1. WL ARRANGE YR VSL'S BERTHING SHORTLY AFTER COMPLETING ____(7)____ INSPECTION，WEATHER PERMITTING.

2. SHIP _____(8)_____ WILL BOARD YOUR SHIP FOR PROVISION SUPPLY AFTER HER BERTHING.

3. ACCORDING TO BUNKER SUPPLY COMPANY，_____(9)_____ WILL BE READY ON _____(10)_____ 28TH AND _____(11)_____ THE DAY AFTER BERTHING.

二、资料题

DEPARTURE REPORT

Dear Sirs,

Good day!

DATE：14 － Sep － 2023/PORT：SHANGHAI

Time and Date of Notice of Readiness Tendered/Acceptance：

Nor Tendered：1900lt 05 － Sep － 2023；

Nor Accepted：1900lt 05 － Sep － 2023.

Time and Date of Commenced Loading：2100lt 13 – Sep – 2023.

Time and Date of Completed Loading：1500lt 14 – Sep – 2023.

Departure Draft/ROB：

Draft：FWD – 18.00 M，AFT – 18.00 M；

ROB（mt）：FO – 744；DO – 110；FW – 176.

Cargo Quantity Loaded：173293 mt.

ETA next calling port and estimated arrival Draft/ROB.

ETA：15 – Otc – 2023 2300lt.

Draft：FWD – 18.00 M，AFT – 18.00 M.

ROB（mt）：FO – 1912；DO – 40；FW – 163.

Best Regards.

根据以上给定资料完成以下题目。

1. 本报告类型为（　　　）。

A. 船舶指泊报　　　　B. 船舶靠泊报　　　　C. 船舶抵港报　　　　D. 船舶离港报

2. 根据材料内容完成下表。

当前挂靠港口	(1)	通知书递交时间	(5)
重油存量	(2)	开始装货时间	(6)
轻油存量	(3)	装货数量	(7)
淡水存量	(4)	预抵下一港时间	(8)

三、实训项目

假设您是 Tianjin Red Star Shipping Agency Co.，Ltd. 的值班调度员，需要向委托方 Victory Shipping Co.，Ltd. 拍发船舶动态报。请结合实训素材，完成船舶动态报的识读。

（一）实训要点

实训任务	船舶动态报识读
实训目标	能够认读并书写抵港报和离港报
实训时间	80 分钟（建议）
实训地点	实训机房（建议）

续　表

实训素材	船舶代理业务案例与往来邮件
实训要求	根据实训任务背景，结合相应教学资料，分析找出抵港报和离港报
实训步骤	（1）教师给出某航次进出港涉及的典型函电，学生分析识别船舶动态报类型； （2）学生思考讨论抵港报和离港报的意义和作用； （3）分小组完成船舶动态报的认读； （4）教师小结，给出另一艘船舶资料，学生独立撰写抵港报和离港报
评价方式	学生互评，教师点评

（二）实训素材

2023 年 12 月 16 日，Tianjin Red Star Shipping Agency Co.，Ltd. 收到来自 Victory Shipping Co.，Ltd. 的英文邮件如下：

From：Red Star Shipping Agency Co.，Ltd.

To：master@ vessel. com

Subject：

DEAR CAPT

WL RCVD YR MSG WITH MANY THANKS AND YR TENTATIVE ETB AT 1600LT/ 20TH. BEST ETB RVTG PM/19TH.

PLS CFM WL RCPT BY RTN.

THANKS & B. RGDS

×××　×××//Red Star Shipping Agency Co.，Ltd.

发件人：MV. PEACE

发送时间：2023 - 12 - 16　22：34：07

收件人：Red Star Shipping Agency Co.，Ltd.

主题：PEACE：Qingdao - 021E/022W - ETA & Arrival Drafts

Good Day Sir,

ETA Qingdao will be 19th Dec at 1900hrs LT.

Arrival Drafts：Fwd = 9. 10 m，Aft = 10. 40 m.

ROB：FO/452MT　DO/182MT　FW/360

Pls find attached the Departure YANTIAN & estimated arrival Qingdao conditions and Dep YANTIAN IMDG list.

Pls advise vsl's berthing prospects.

Kind regards,

Capt. A. JASON

Fri，16 Dec 2023 14：32

发件人：Red Star Shipping Agency Co.，Ltd.

发送时间：2023－12－17 20：16：00

收件人：MV. PEACE

主题：Re：PEACE：Qingdao－021E/022W－ETA & Arrival Drafts.

DEAR CAPT

WL RCVD YR MSG WITH MANY THANKS. PLS DROP ANCHOR UPON ARRIVAL SOUTH OF QINGDAO.

WL UPDATE YR BERTHING SCHEDULE ON PM/19TH.

THANKS & B. RGDS

×××　××××//Boarding Agent

发件人：Red Star Shipping Agency Co.，Ltd.

发送时间：2023－12－20 18：37：27

收件人：ALL RELEVANT PARTIES

主题：MV. PEACE V. 021－BERTHING REPORT AT QINGDAO

DEAR ALL

1）ANCHOR UP & PROCEED TO HER BERTH AT 1112LT/20TH.

2）POB AT 1430LT/20TH.

3）ALL LINES MADE FAST BERTH NO. 103 AT 1550LT/20TH DEC

4）DISCHG COMMENCED AT 1700LT/20TH

5）ETCD AT 1100LT/21ST.

ROB：FO/449 MT　DO/179. 5 MT　FW/350

DRAFT：F/8. 4 M　A/9. 1 M

THANKS & B. RGDS

×××　×××//Red Star Shipping Agency Co.，Ltd.

模块四　国际船舶代理外勤业务

教学目标

知识目标

了解国际船舶代理外勤业务员（简称外勤）岗位的职责与主要工作内容；熟悉船舶进出口手续办理流程及涉及的单证；掌握船舶装卸时间事实记录表的编制方法；了解常见的船方委办事项。

技能目标

能够准确缮制装卸时间事实记录表；能够办理船舶进出口手续；能够办理国际航行船舶进出口岸的申报。

思政目标

培养学生严谨的工作作风、精益求精的工作态度；提升学生遵守职业道德规范的觉悟，强化安全生产的意识。

知识要点结构图

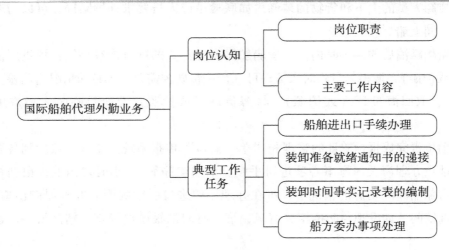

岗位认知

一、外勤岗位职责

（1）负责根据各口岸单位要求，办理船舶各项进出口预申报及申报手续。

（2）熟悉船舶性质、来港任务、作业安排计划，负责船舶在岗现场业务管理和办理船舶装卸作业手续。

（3）负责船舶装卸准备就绪通知书递接和编制装卸时间事实记录表。

（4）落实委办事项，办理委托方、船方所委办进出口船舶的备件、物料转递等业务，做好现场服务和船岸协调沟通工作。

（5）了解相关安全知识，协助船方和有关方面做好各项安全防范工作。

二、外勤主要工作内容

（一）船舶进出口手续办理

1. 船舶进口手续办理

外勤在接到业务部转交的单船档案后，应仔细阅读航次经理编制的单船作业卡，如发现与防疫相关情况，第一时间汇报辖区海关、边防检查站，并按照海关、边防检查站的要求进行后续工作；应仔细阅读公司与船方、船公司的往来电报检查船方提供的船员名单，确认是否符合 IMO 标准的要求、是不是最新的名单；按照边防检查站的要求（不得晚于船舶靠泊前 4 小时）通过"单一窗口"申报系统进行预检名单申报。

当船舶靠泊后，正常情况下，应由联检单位人员上船先行联检，待联检结束后才可进行装卸人员的上下和货物的装卸。如联检单位人员要求外勤陪同，可以与联检单位人员一同上船。

在船舶靠泊后的 4 小时内，入境船舶需办理正式的进口检查手续：提供所需的海员证（或护照），取得船员临时入境许可（因疫情防控需要，无特殊情况边防检查站暂停发放）；取回海员证（或护照），将海员证（或护照）及船员临时入境许可交给船方。

外勤负责完成报检单证的整理和"单一窗口"申报系统的录入，然后到各联检单位办理地点办理海关、海事各项进口手续。如船舶停靠 24 小时之内的，根据相关规定，在有船舶离港动态的情况下，可在办理船舶进口手续的同时办理船舶出口手续。船舶在港期间，如发现与防疫相关情况，第一时间汇报航次经理、辖区海关、边防检查站，并按照海关、边防检查站的要求进行后续工作。

2. 船舶出口手续办理

在船舶离港动态出来后，外勤应通知船方开航时间和开航吃水，如有问题及时商榷。办理船舶出口手续时，外勤应通过"单一窗口"申报系统向辖区边防检查站、海关、海事局发送出口申报（按照边防检查站规定不得晚于开航前4小时），然后到各联检单位办理各项出口手续，获取离港证以及卫生检疫单证等。通过"单一窗口"申报系统进行"船舶出境确报"的申报。

（二）船舶装卸准备就绪通知书递接

装卸准备就绪通知书本是一种书面通知，以书面形式递接。近年来，装卸准备就绪通知书常采用电报、电传和传真形式递接。当船舶到达合同中约定的地点，并在各方面装卸准备就绪时，船长就以电报、电传和传真形式，向另一方发出装卸准备就绪通知书。

在船舶到港前，船舶代理必须接受合同一方的委托，明确船舶代理代表何方办理装卸准备就绪通知书的递接工作。委托方在委托时，必须告知船舶代理装/卸港口条款、滞期速遣条款等内容，以便确认船舶是否符合各项要求和规定，以及是否接受装卸准备就绪通知书。装卸准备就绪通知书必须经由双方或其代理人的递接签字确认方为有效。

（三）装卸时间事实记录表缮制

船舶在港期间发生装卸货的，在船舶离港前，外勤要缮制装卸时间事实记录表，详细记录船舶抵港至船舶开航期间的各项重要作业的时间。在缮制装卸时间事实记录表的过程中，外勤应每日与船长/港方核实作业时间、非作业时间、完工时间。待装卸时间事实记录表缮制完毕，外勤应与船长共同签字，给船长一份，外勤留底一份，同时传真给委托方并存档。

（四）跟踪船舶装卸动态

1. 船舶抵港前

外勤应和本公司的计划员、值班调度员保持沟通，跟踪船舶动态，及时通报港口、口岸当局、引航站等相关单位，提前确定办理船舶进口岸手续与靠泊作业的时间，协调有关部门的工作衔接。

在了解船舶进港作业安排后，外勤应及时告知船方引航时间、地点，靠泊时间，指定锚泊地点，并通知船方、委托方装卸作业计划。

2. 船舶在港期间

外勤每日登轮不少于一次；每日与船方和港方核对作业时间、作业进度、停工时间原因（如有）、预计完工时间及其他事宜；每日向委托方发日报，报告船舶白天及夜间的在港情况。船舶靠泊后，外勤应至少去相关作业区一次，了解船舶作业计划及作业部门对作业过程的要求。在接到值班调度员通知的开船动态后，外勤应及时通知船方预计开航时间和预计引航员登轮时间，以便其做好开船的准备。

3. 船舶离港后

在船舶离港后，外勤应尽快向委托方发送开航报告，向集装箱船发送离码头报告（Terminal Departure Report，TDR），内容至少应包括：进出口货物的名称、数量，装/卸完毕时间，船舶离港吃水/存油水量，船舶开航时间及预抵下一港的时间，船舶在港期间发生的各种问题和解决情况等。

（五）船方委办事项处理

外勤在接到业务部转交的单船档案后，应及时查阅与委托方、船方的来往函电，了解船方的委办事项及计划调度，预先安排需处理的事情。若船方要求检修主机、排放压舱水、明火作业、船体油漆作业、在港内进行救生艇演习等，则需经海事处批准。即船方必须提出书面申请，外勤将此申请转交海事处经批准后，船方才可进行相关操作。船舶发生事故应立即报公司主管领导，如需抢救则立即安排抢救。及时向计划调度报告，由计划调度立即以书面形式通知委托方并与之确认相关海事签证费用。登轮了解事故现场协助各方妥善处理，由船长出具海事报告呈报海事局，并在《单船作业卡》做记录。如船方使用各项服务，则需填写统一印制的相关收费单据，并让船长签字盖章确认，交给结算员以便向委托方收取相关服务费用。

任务一　船舶进出口手续办理

任务导入

天津红星国际船舶代理有限公司日前接到巴拿马籍干散货船"征途"号在天津新港的委托，该船预计于 2025 年 6 月 17 日抵达新港，并计划卸下 53200 吨的散装镍矿。假设您是该船舶代理公司的一名外勤，作为该船的登轮代理，请您依照相关法律法规办理船舶的进出口岸手续。

任务分析

进出我国口岸的外国籍船舶和航行国际航线的中华人民共和国国籍的船舶，统称为国际航行船舶。凡此类船舶，进出港口都需要向口岸机构办理进出港口的手续，接受中华人民共和国海事局（以下简称海事局）、中华人民共和国海关（以下简称海关）、中华人民共和国出入境边防检查机关（以下简称边防检查站）的检查。

为了加强对国际航行船舶进出我国口岸的管理，便利船舶进出口岸，提高口岸效能，国务院于 1995 年发布了《国际航行船舶进出中华人民共和国口岸检查办法》。根据该办法，在国际航行船舶进、出我国口岸前，船方或其委托的船舶代理，必须事先向上述口岸机构联系，申报并取得各种必要的签证。

要完成上述工作任务，外勤（登轮代理）需要掌握船舶进出口岸检查规定，熟练办理船舶进出口手续所需的相关单证，具备较强的语言沟通能力和协调能力。

《国际航行船舶进出
中华人民共和国口岸
检查办法》

任务实施

一、船舶进口手续办理

（一）海事手续

中华人民共和国海事局是对我国管辖水域的交通安全和防止船舶污染实施统一监督的主管机构。对于进出境船舶，海事局主要对船舶安全、船舶是否载运危险货物、船舶国籍、在船船员是否符合船籍国的配员要求等方面进行监管。

对于入境船舶，根据《国际航行船舶进出中华人民共和国口岸检查办法》，由船方或其代理人在船舶预计抵达口岸 7 日前（航程不足 7 日的，在驶离上一口岸时），填写《国际航行船舶进口岸申请书》，报请抵达口岸的港务机构审批。船舶经审批准许入境后，船方或其代理人应及时通知海关、边防检查站、卫检机构。

在船舶预计抵达口岸 24 小时前（航程不足 24 小时的，在驶离上一口岸时），船方或其代理人应将抵达时间、停泊地点、靠泊移泊计划及船员、旅客的有关情况报告检查机关。

　　船方或其代理人在办理进口岸手续时，应通过"单一窗口"申报系统，准确填报港口所在地的检查机关所需的总申报单（见图4-1）、航次摘要信息（见图4-2）、海上非旅客人员名单、旅客清单（见图4-3）、货物信息（见图4-4）、危险品信息、船上非旅客人员物品清单、船员适任证信息（见图4-5）、船舶证书信息（见图4-6）、集装箱信息（见图4-7）和检查机关要求的其他单证、报表、证件或资料。

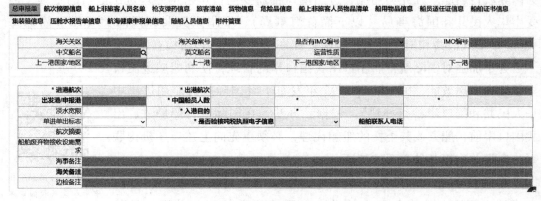

图4-1　总申报单

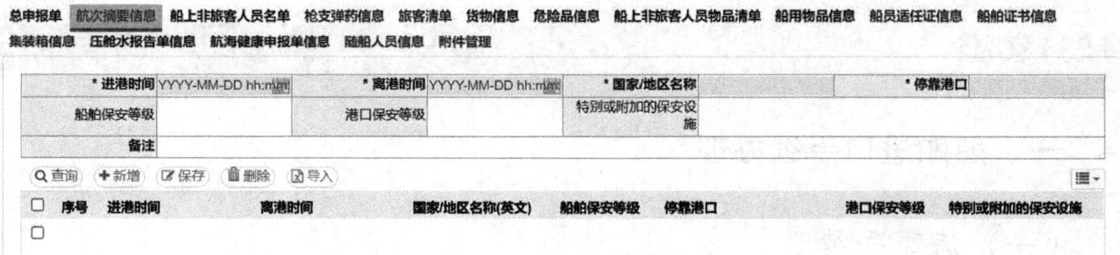

图4-2　航次摘要信息

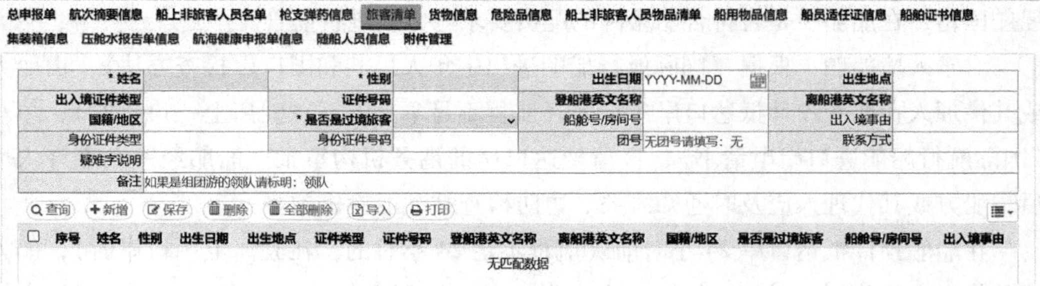

图4-3　旅客清单

总申报单 航次摘要信息 船上非旅客人员名单 枪支弹药信息 旅客清单 **货物信息** 危险品信息 船上非旅客人员物品清单 船用物品信息 船员适任证信息 船舶证书信息
集装箱信息 压舱水报告单信息 航海健康申报单信息 随船人员信息 附件管理

装货港		卸货港			标记唛码		* 货物种类	
集装箱规格		重箱或者空箱标识		∨	包装种类		* 货物数量	
* 数量单位		重量（吨）		* 本港装/卸货数量/毛重(吨)			货物尺寸（英尺）	
* 是否为本港装卸	∨	货物摘要说明/货物名称						
备注								

Q 查询 ＋ 新增 ☑ 保存 🗑 删除

	序号	装货港	卸货港	标记唛码	货物种类	集装箱规格	重箱或者空箱标识	包装种类	货物数量	数量单位	重量	本港装/卸货数量	货物尺寸	货物摘要说明
☐	1	中国天津新港 (Tianjingang)	印度根德拉/坎德拉 (Kandla)	-	煤炭及制品	-	-	散装	1	件	-	31000	-	出口焦炭

图 4 – 4　货物信息

总申报单 航次摘要信息 船上非旅客人员名单 枪支弹药信息 旅客清单 货物信息 危险品信息 船上非旅客人员物品清单 船用物品信息 **船员适任证信息** 船舶证书信息
集装箱信息 压舱水报告单信息 航海健康申报单信息 随船人员信息 附件管理

船员姓名		* 船员职务	适任证书编号		有效日期止 YYYY-MM-DD
备注					

Q 查询 ＋ 新增 ☑ 保存 🗑 删除 ⮝ 从船上非旅客人员名单导入

	序号	船员姓名	船员职务	适任证书编号	有效日期止
☐	1		船长	CMM2	2026-03-04
☐	2		大副	CMM200	2027-05-31
☐	3		二副	COICNW	2027-01-31
☐	4		三副	COICNW200	2028-05-16
☐	5		轮机长	CCE2000	2026-05-05
☐	6		大管轮	C2E000	2023-11-30
☐	7		三管轮	COICEV	2026-10-04
☐	8		GMDSS一级无线电子员	GOC	2027-01-31
☐	9		GMDSS二级无线电子员	GOC2	2028-06-13

图 4 – 5　船员适任证信息

🖥 航海健康申报单暂存　🗑 删除　⬆ 总申报单打印　　　　填写提示 海事填写数据 ▼　申报对象 请选择 ▼　✈ 申报

总申报单 航次摘要信息 船上非旅客人员名单 枪支弹药信息 旅客清单 货物信息 危险品信息 船上非旅客人员物品清单 船用物品信息 船员适任证信息 **船舶证书信息**
集装箱信息 压舱水报告单信息 航海健康申报单信息 随船人员信息 附件管理

* 证书类型		签发日期 YYYY-MM-DD	有效日期 YYYY-MM-DD	年检日期 YYYY-MM-DD
备注				

Q 查询 ＋ 新增 ☑ 保存 🗑 删除 📥 导入

	序号	证书类型	证书编号	签发日期	有效日期	年检日期
☐	1	船舶国籍证书	-	2014-09-17		
☐	2	海上船舶吨位证书		2014-09-17	-	-
☐	3	海上船舶载重线证书		2019-08-29	2024-09-16	2022-09-07
☐	4	海上船舶防止油污证书		2019-08-29	2024-09-16	2022-09-07
☐	5	货船构造安全证书		2022-01-31	2024-09-16	2022-09-07
☐	6	货船设备安全证书		2023-02-10	2024-09-16	2022-09-07
☐	7	货船无线电安全证书		2023-01-09	2024-09-16	2023-07-19
☐	8	船舶最低安全配员证书		2016-05-10	-	-
☐	9	安全管理证书		2020-02-28	2025-03-21	2022-09-05

图 4 – 6　船舶证书信息

图 4-7　集装箱信息

（二）海关手续

中华人民共和国海关总署主管国际航行船舶进出我国口岸的检验检疫工作，主管海关负责所辖地区的国际航行船舶进出我国口岸的检验检疫和监督管理工作。根据《中华人民共和国海关法》和国家其他有关法律法规，所有进出境运输工具自进入我国关境之日起至驶离我国关境之日止，均应该接受海关监管。对正常入境的船舶，船方或其代理人可事先向海关办理进口岸手续。海关对船方及其代理人的预申请及其办理手续申请，应在船舶到港前作出答复。对抵口岸前未办好口岸手续的船舶，也可在船舶靠泊后 24 小时内在国际贸易"单一窗口"进行申报。

自 2018 年 4 月 20 日起，原出入境检验检疫系统统一以海关名义对外开展工作，口岸一线旅检、查验和窗口岗位实现了统一上岗、统一着海关制服、统一佩戴关衔。出入境检验检疫管理职责和队伍划入海关。改革后，关检业务的整合优化，有利于口岸监管资源的统筹配置，流程简化切实降低了企业成本。原出入境检验检疫局主管口岸出入境旅客和出入境货物、动植物及其产品、运输工具等的检验检疫和监督管理工作，承担国境卫生检疫、动植物检疫和进出口商品检验等职能。对于出入境船舶，检验检疫机构主要是对船的卫生状况、船员的健康状况进行监督和检查。

船方或其代理人在船舶预计到达口岸 24 小时前（航程不足 24 小时的，在驶离上一港口时）向海关申报入境检验检疫，申报内容包括：船名、船籍、预定抵港日期和时间；10 日内停靠港口及最后寄港的驶离日期；船员和旅客的人数及健康状况；如有病人，病人的主要症状；《交通工具卫生证书》编号，《除鼠/免于除鼠证书》的签发日期、签发港；货物、集装箱种类、数量及其装载港和日期；饮水、食品、压舱水的数量、装载港及日期。

接受入境检疫的船舶必须按规定在明显处悬挂检疫信号。白天："Q"字旗表示本船没有染疫，请发给入境检疫证；"QQ"字旗表示本船有染疫或者染疫嫌疑，请即刻实施检疫。夜间：红灯三盏表示本船没有染疫，请发给入境检疫证；红、红、白、红灯四盏表示本船有染疫或者染疫嫌疑，请即刻实施检疫。在海关签发入境检疫证书或通知检疫完毕前不得解除检疫信号。对于悬挂检疫信号的船舶，除引航员和经海关许可的人员外，其他人员不准上船；不准装卸行李、货物、邮包等物品；其他船舶不准靠近；船上的人员，除因船舶遇险外，未经海关许可，不准离船；检疫完毕之前，未经海关许可，引航员不得将船引离检疫锚地。

海关在检疫查验过程中发现不具备有效船舶卫生证书的船舶或主动申请有效船舶卫生证书的船舶，应由其负责人或代理人填写《船舶免予卫生控制措施证书/船舶卫生控制措施证书》申请书（见图 4－8），向海关总署申请办理。

中华人民共和国海关总署

GENERAL ADMINISTRATION OF CUSTOMS OF THE P. R. CHINA

《船舶免予卫生控制措施证书/船舶卫生控制措施证书》申请书

APPLICATION FORM FOR SHIP SANITATION CONTROL

EXEMPTION CERTIFICATE/SHIP SANITATION CONTROL CERTIFICATE

编号No.＿＿＿＿＿＿＿＿＿＿＿＿＿＿

海关:

＿＿＿＿＿＿CUSTOMS DISTRICT P. R. CHINA:

现申请您关于＿＿＿＿＿年＿＿＿＿月＿＿＿＿日对本船实施卫生检查，并根据检查结果实施免予卫生控制/卫生控制措施，签发《船舶免予卫生控制措施证书/船舶卫生控制措施证书》。

I hereby apply to your customs district for conducting a sanitation inspection over my ship on the date of＿＿＿＿＿＿and on the basis of the result, to apply control measures if required and issue a SHIP SANITATION CONTROL EXEMPTION CERTIFICATE/SHIP SANITATION CONTROL CERTIFICATE.

船名
Name of Ship ＿＿＿＿＿＿＿＿＿＿

船旗
Flag ＿＿＿＿＿＿＿＿＿＿＿＿＿

总位吨
Gross Tonnage ＿＿＿＿＿＿＿＿＿

净位吨
Net Tonnage ＿＿＿＿＿＿＿＿＿

货舱数
Number of Hatches ＿＿＿＿＿＿＿

登记/国际海事组织编号
Registration/IMO No. ＿＿＿＿＿＿

船上载有货物种类及数量
Description and Quantity of Cargo on Board ＿＿＿＿＿＿＿＿＿＿＿＿＿＿＿＿＿＿＿

预计货物卸空日期
Date Expected for Completing Discharge ＿＿＿＿＿＿＿＿＿＿＿＿＿＿＿＿

船长/代理人签字（章盖）
Signature of Captain/Agent（Stamp）＿＿＿＿＿＿＿＿＿＿

申请日期
Application Date ＿＿＿＿＿＿＿＿

图 4－8　《船舶免予卫生控制措施证书/船舶卫生控制措施证书》申请书

根据海关总署发布的《国际航行船舶出入境检验检疫管理办法》，海关总署对申报内容进行审核，确定以下检疫方式，并及时通知船方或者其代理人。正常情况下应由联检单位人员上船先行联检，待联检结束后才可进行装卸人员的上下和货物的装卸。如联检单位人员要求外勤陪同，可以同联检单位人员一同上船。

《国际航行船舶出入境
检验检疫管理办法》

1. 锚地检疫

海关总署对存在下列情况之一的船舶应当实施锚地检疫。

（1）来自检疫传染病疫区的；

（2）来自动植物疫区，国家有明确要求的；

（3）有检疫传染病病人、疑似检疫传染病病人，或者有人非因意外伤害而死亡并死因不明的；

（4）装载的货物为活动物的；

（5）发现有啮齿动物异常死亡的；

（6）废旧船舶；

（7）未持有有效的《除鼠/免予除鼠证书》的；

（8）船方申请锚地检疫的；

（9）海关总署工作需要的。

2. 电讯检疫

持有我国海关总署签发的有效《交通工具卫生证书》，并且没有实施锚地检疫所列情况的船舶，经船方或者其代理人申请，海关总署应当实施电讯检疫。船舶在收到海关总署同意电讯检疫的批复后，即视为已实施电讯检疫。船方或者其代理人必须在船舶抵达口岸24小时内办理入境检验检疫手续。

3. 靠泊检疫

对未持有有效《交通工具卫生证书》，且没有实施锚地检疫所列情况或者因天气、潮水等原因无法实施锚地检疫的船舶，经船方或者其代理人申请，海关总署可以实施靠泊检疫。

4. 随船检疫

海关总署对旅游船、军事船、要人访问所乘船舶等特殊船舶，以及遇有特殊情况的船舶，如船上有病人需要救治、特殊物资急需装卸、船舶急需抢修等，经船方或者其代理人申请，可以实施随船检疫。

申请电讯检疫的船舶，首先由船方及其代理人填写船舶入境的"电讯卫生检疫申请书"并传给海关总署，在入境前24小时应向海关总署报告：船名、船籍、预定到达检疫锚地的日期和时间；发航港、最后寄港；船员和旅客人数及健康状况；货物种类；

《交通工具卫生证书》的签发日期和编号、《除鼠/免予除鼠证书》的签发日期和签发港，以及其他卫生证件等事项，海关总署工作人员根据申报内容依据法律和有关规定作出锚地、靠泊或电讯检疫的决定，并将处理意见及时通知船舶代理人。

如实施靠泊检疫，船方或其代理人应在已确定船舶靠泊时间，但船舶尚未靠泊时，及时通知有海关总署准确的靠泊时间，以便其安排登轮查验工作，并在 24 小时内到海关总署办理进口岸手续。

在进口手续申报中，船方或其代理人需要通过"单一窗口"申报系统向海关提交航海健康申报书、总申报单、航次摘要信息、船上非旅客人员名单、货物信息、危险品信息、船上非旅客人员物品清单、船用物品信息、压载水报告单、国际航行船舶吨税证书或船舶吨税执照申请书。此外，外国籍船舶还需要递交"关封"，中国籍船舶还需要递交"监管簿"。如果船舶停靠时间较短，经海关同意，进出口岸手续可以一并办理。外勤应通知船方，要确保在检疫结束后无一般人员上下船。在船舶靠泊后，一般由外勤陪同检疫官对船舶实施检疫。

（三）边防检查手续

中华人民共和国出入境边防检查站是国家设在对外开放口岸的出入境检查管理机关，依据《中华人民共和国出入境边防检查条例》等法律法规，执行维护国家主权、安全和社会秩序，便利出境、入境的人员和交通运输工具的通行等任务。

出入境的船舶离抵口岸时，必须接受边防检查。入境检查在最先抵达的口岸进行，出境检查在最后离开的口岸进行。在特殊情况下，经主管机关批准可以在特许地点进行。入境船舶自入境后到入境检查前，出境船舶自出境检查后到出境前，未经边防检查站许可，不得上下人员、装卸物品。

仔细检查船方提供的船员名单，确认是否符合 IMO 标准的要求、是不是最新的名单。按照边防检查站的要求（不得晚于船舶靠泊前四小时）通过"单一窗口"申报系统进行预检名单申报。

中国籍船舶需要搭靠外国籍船舶的，应当由船长或其代理人向边防检查站申请办理搭靠手续；未办理手续的，不得擅自搭靠。出境、入境船舶有下列情况之一的，边防检查站有权推迟或者阻止其出境、入境：

（1）离、抵口岸时，未经边防检查站同意，擅自出境、入境的；

（2）拒绝接受边防检查、监护的；

（3）被认为载有危害国家安全、利益和社会秩序的人员或者物品的；

（4）被认为载有非法出境、入境人员的；

（5）拒不执行边防检查站依法做出的处罚或者处理决定的；

（6）未经批准擅自改变出境、入境口岸的。

根据《国际航行船舶进出中华人民共和国口岸检查办法》实施规定，对于入境船舶，船方或其代理人可以申请办理船舶入境边防检查预检手续，申请时必须通过"单一窗口"准确填报总申报单、船上非旅客名单、旅客清单（如有旅客）、枪支弹药信息，船员如需登录，应同时申请临时登陆许可，只有外国籍船东或其他修理人员登轮时，如果登轮证网上没有审批，才需要提交纸质材料去现场审核。

船舶靠泊后的4小时之内，入境船舶须到辖区边防检查站办理正式的进口检查手续，带上所需的海员证（或护照），取得船员临时入境许可。取回海员证（或护照），将海员证（或护照）及船员临时入境许可交给船方。对于来自国内港口的外国籍船舶，外勤应向船长索要随船的"边封"，递交给边防检查站。

外勤在办妥船舶进口手续后应及时将手续办理情况和船舶抵港情况反馈给公司计划员、值班调度员及港口作业单位。

德润匠心

高效服务——中国外代全程守护中国第40次南极科考回归之旅

2024年4月16日，"雪龙2"号顺利靠泊上海外高桥中国极地科考国内基地码头，与前一日抵沪的"雪龙"号极地科考船"双龙"合璧，标志着中国第40次南极科考圆满结束。

中国上海外轮代理有限公司作为极地科考船"雪龙"号、"雪龙2"号的总代理，携手中国青岛外轮代理有限公司、中国外轮代理（香港）有限公司（简称香港外代）为保障"双龙"顺利抵靠各港口，提供了全方位专业高效的服务体验。

为了"雪龙2"号顺利访港，香港外代多次参加"雪龙2"号访港筹备委员会以及船方组织的实地勘察，对船方需求、筹委会活动流程等各项细节进行逐一沟通与核对，以丰富的经验、专业的态度，解答相关方的疑问，获得了筹委会和船方的高度认可。

"雪龙2"号到港靠泊后，仪式流程时间紧凑，香港外代通过专业高效的工作方式解决了"时间紧"的问题，确保了当天仪式的准时、顺利进行。随着主要船员和科考队员安全离船登岸，香港外代的"雪龙2"号访港船舶代理工作也宣告圆满完成。

本次顺利为"双龙"保驾护航，彰显了中国外代在科考船代理服务上的一流水准。未来，中国外代将继续坚持"专家型代理、人性化服务"理念，以实际行动展现央企担当，为中国航运事业再创新篇章。

二、船舶出口手续办理

外勤在办理船舶出口手续以前，应确保各项委办事项均已办妥，并已与船方交接完毕，各种证书、单证均已备妥无误，所有船员均已回船。船舶离港动态出来后，通知船方开航时间和开航吃水，如有问题及时商榷。办理船舶的出口手续，通过"单一窗口"申报系统向辖区边防检查站、海关总署、海事局发送出口申报（按照边防检查站规定不得晚于开航前4小时，船舶在口岸停泊时间不足4小时的，在抵达口岸时申报）。然后到各联检单位办理海关、海事各项出口手续，获取离港证以及卫生检疫单证等。在船舶开航前，外勤应协助船方向相关检查机关填报各种船舶出口申报单证，并要求办理船舶出口手续。有关检查机关应当在船舶出口岸联系单（见表4-1）上签注；船方或其代理人持船舶出口岸联系单和港务监督机构要求的其他证件、资料，到港务监督机构申请领取出口岸许可证。

表4-1   船舶出口岸联系单

经办单位：   经办人签名：

船名	中文		国籍	
	英文		泊位	
海关签注	经办人签名：		年 月 日 时	
边防签注	经办人签名：		年 月 日 时	
检验检疫签注	经办人签名：		年 月 日 时	
海事签注	经办人签名：		年 月 日 时	

（一）海关

出境的船舶，对于下一港为国内港口的，不需要办理检验检疫手续；对于下一港口为国外港口的，船方或其代理人应当在船舶离境前4小时内向海关申报，办理出境检验检疫手续。船舶在口岸停留时间不足24小时的，经海关同意，船方或其代理人在办理入境手续时，可以同时办理出境手续。

由船舶代理通过"单一窗口"申报系统填写总申报单、航次摘要信息、船上非旅客人员名单、货物信息、危险品信息、船上非旅客人员物品清单、船用物品信息、船舶出境航海健康申报书、旅客名单（如有旅客）、船舶出口岸联系单、有关卫生证件、动植物检疫证书，并得到海关审批通过的船舶出口岸联系单。

对船舶实施出境检疫完毕后，除引航员和经海关许可的人员外，其他人员不准上船，不准装卸行李、货物、邮包等物品，如果违反上述规定，该船舶必须重新实施出境检疫。对于下一港为国内港口的，外勤还应要求海关办理给下一港海关的"关封"，并转交给船长。

（二）边防检查站

在所有船员归船、所有作业人员下船的情况下，船舶开航前4小时内，外勤应到边防检查站办理船舶离港手续，应通过"单一窗口"申报系统填写总申报单、船上非旅客名单、旅客清单（如有旅客）、枪支弹药信息、海员证、登陆证（对于进口办理登陆证的船舶，在办理出口时，外勤必须将所有的登陆证回收给边防检查站）和船舶出口岸联系单（已加盖海关放行章），并得到边防检查站审批通过的船舶出口岸联系单。对于下一港为国内港口的非中国籍船舶，在办理完出口手续时，外勤应要求边防检查站出具给下一港边防检查站的"边封"，并交给船长随船带走。

（三）海事局

办理船舶出口手续的最后一关是海事局审批手续。在船舶出港计划确定后，应通过"单一窗口"申报系统填写总申报单、海上非旅客人员名单、旅客清单、货物信息、危险品信息（如有危险品）、船上非旅客人员物品清单、船员适任证信息、船舶证书信息、集装箱信息、船舶出口岸联系单（海关和边防检查站已审批通过），并从海事局获得国际航行船舶出口岸许可证（见图4-9）。

国 际 航 行 船 舶 出 口 岸 许 可 证

No. _____

存	船 名		国 籍	
根	驶往港		驶离时间	

签发人 _____

_____年___月___日

No. _____

中 华 人 民 共 和 国

国 际 航 行 船 舶 出 口 岸 许 可 证
THE PEOPLE'S REPUBLIC OF CHINA PORT CLEARANCE

船 名 Name of Ship		国 籍 Nationality	
驶往港 Next Port		驶离时间 Time of Departure	

签 章: _____
Issued by:
时 间: _____
Date and Time:

备注
Remarks
1. 本证自签发时起24小时内有效。
This clearance remains valid within 24 hours from the time issued.
2. 本证涂改无效。
Correction will render this clearance invalid.

图 4 - 9 国际航行船舶出口岸许可证

在开船以前，外勤应将船舶出口岸许可证、船舶出境检疫证（下一港国外）以及"关封"（下一港国内）、"边封"（下一港国内）等随船文件交给船长。需要注意的是，如果船舶办理完出口手续但24小时内未出境，需重新办理手续，否则按非法入境处理。

德润匠心

服务"一带一路"——太仓外代圆满完成高危集装箱出口印尼任务

巴拿马籍某轮缓缓从苏州现代货箱码头离泊，起航驶向印度尼西亚，标志着太仓外代圆满完成高危集装箱出口印度尼西亚任务，开启新年新的奋斗征程。

该轮为多用途船，左侧船吊，只能等待涨水安排右舷靠泊作业，本航次计划装载5.1类高危危险品（堆存、运输和积载都有严格的要求）。另外，该轮靠泊码头期间临近中国农历新年，码头、引航站等单位人员极其紧缺。

为确保作业安全以及避免船期延误，太仓外代积极作为，靠前服务，提前与码头、危堆、货主等相关方召开船舶作业生产会，认真在各个环节上制订详细的保障措施，协调各相关方做好人员、车辆在装货期间的调配工作，以确保各项操作环节顺利。通过前期充分的准备工作以及大家的紧密协作，太仓外代第一时间申请引航计划安排该轮靠泊码头，其外勤团队也是第一时间在码头边等候并办理船舶进港手续，协助码头装船作业，用最短的时间圆满完成了此次高危集装箱出口印度尼西亚任务，以优质高效的服务质量获得船东及口岸单位的高度认可，给客户交上了满意的答卷。

知识卡片

国际航行船舶办理进出口手续相关文件

Registry Certificate　登记证书

Tonnage Certificate　吨位证书

Loadline Certificate　载重线证书

IOPP（International Oil Pollution Prevention）Certificate　国际防止油污证书

Cargo Ship Safety Construction Certificate　货船构造安全证书

Cargo Ship Safety Radio Certificate　货船无线电安全证书

Cargo Ship Safety Equipment Certificate　货船设备安全证书

Minimum Safety Manning Certificate　最低安全配员证书

Safety Inspection Report　安全检查报告（亚太地区）

DOC（Document of Compliance）　安全管理体系符合证明

SMC（Safety Management Certificate）　船舶安全管理证书

Certificate for Carrying Dangerous Goods　危险品适载证书

ISSC（International Ship Security Certificate）　国际船舶保安证书

General Declaration　总申报单

Cargo Declaration　货物申报单

Crew List　船员名单

Report on Ship's Particulars　船舶概况报告单

Last Port Clearance　上一港离港证

GMDSS（Global Maritime Distress and Safety System）Certificate　全球海上遇险与安全系统证书

Chinese Tonnage Dues Certificate　中华人民共和国吨税执照

Crew's Effects Declaration　船员物品申报单

Ship's Stores Declaration　船用物品申报单

Application for Tonnage Dues Certificate　吨税申请表

Maritime Declaration of Health　航海健康申报书

Animal and Plant Quarantine Declaration　动植物检疫申报单

Application on Ballast Water　压舱水申报表

Deratting Exemption Certificate　免予除鼠证书

Sanitary Certificate　卫生证书

Yellow Book　国际预防接种证书

Application for Landing Permit　登陆证申请

Certificate of Seafarer/Passport　海员证/护照

任务二　装卸准备就绪通知书的递接

任务导入

天津红星国际船舶代理有限公司外勤为巴拿马籍干散货船"征途"号办理好船舶

进口手续后，该船船长将已填制好的装卸准备就绪通知书（Notice of Readiness，简写为 NOR、N/R 或 N.O.R.，以下简称通知书）（如下所示）交给该公司。作为该公司的外勤，请您妥善办理该通知书的递接。

Tianjin，18th June，2023

TO：Tianjin Red Star Agency Co.，Ltd.．

NOTICE OF READINESS

Dear Sirs：

Please be advised that <u>M. V. Journey</u> Arrived at Tianjin Xingang at <u>1635</u> hours on <u>17th June，2023</u> and the free pratique was granted at <u>1150 hours on 18th June，2023</u>. Now she is in all respects ready to commence discharging her cargo <u>nickel ore in bulk</u> in accordance with terms，conditions and exceptions of the relevant charter party.

Notice of Readiness tendered at 1150 hours on 18th June，2023.

Master：_____

of M. V. Journey

Notice of Readiness accepted at 1150 hours on 18th June，2023.

As agent：_____

for and on behalf of Receiver

任务分析

装卸准备就绪通知书是船舶代理业务中经常接触的重要文件。它的递接工作直接涉及滞期费和速遣费的计算，关系船、港、货等有关方面的经济利益。递接工作办理得顺利与否也反映了代理工作质量的高低。

原则上讲，通知书应由船方通过代理向协议方递交，由协议方签署确认后通过代理交回船方。在国内实践中，船方递交通知书后，代理往往无法转给协议方（找不到接受方或对方不肯接受签署），船方通常会要求代理来签署通知书。因此，作为办理通知书递接工作的外勤，在接到船方做好的通知书后，应认真审核该通知书是否符合有效递接的几个条件，如果符合条件，外勤应以船舶港口代理身份予以接受和签署。

任务实施

一、明确通知书的概念

通知书是船舶到达装卸港后，船长向租家或其代理人发出的，关于本船已经到达装卸港并在各方面已为装卸工作做好准备的书面通知。

通知书一般要载明船舶抵达合约中规定港口或靠妥指定泊位的准确日期和时间，说明该轮在各方面都已具备装卸条件，强调装卸时间的计算需按合约中有关条款办理，并且要写明通知书递交接受的日期和时间。

船舶装卸时间的起算是以通知书的接受时间为依据的。通知书不仅有通知准备装卸的作用，更是航次租船运输中计算船舶装/卸货时间的起算依据，对船东和租家合理划分经济利益和责任具有重要意义。

二、审核通知书被有效递接的条件

（一）船舶已抵达租船合同规定的地点

船舶是否已抵港，需根据租船合同的规定来判断。如果租船合同中规定船舶到达指定的港口，即视为到达船舶，则此为港口租约。如果租船合同中规定船舶必须到达合同规定的或租家指定的泊位，才可视为到达船舶，则此为泊位租约。

微课：装卸准备就绪
通知书有效递接

1. **港口租约（Port Charter Party）**

在港口租约下，船舶只要到达港内，不论是否马上靠泊，都算船舶抵港。因此，在港口租约下由于港口拥挤而待泊造成的时间损失风险基本由租家承担。但是，随着船舶越来越大，数量越来越多，许多港口越来越拥挤，有时船舶连港内也进不去，只能在港外待泊。船东为尽量避免时间损失风险，往往会在租约中写入"WIPON（Whether In Port Or Not，无论进港与否）"条款，这样，船舶即使是在港外待泊也算作抵港。在实践中采用港口租约的情况较少，大多采用的是泊位租约。

2. **泊位租约（Berth Charter Party）**

在泊位租约下，船舶必须到达指定的港内泊位才算抵港。由于许多港口拥挤严重，许多船舶到达港口后不能马上靠泊。为避免承担时间损失风险，船东在与租家订立租约时也会加入各种条款来转移时间损失风险。如在租约中写入"WIBON（Whether In Berth Or Not，无论靠泊与否）"条款，则船舶进港后不论是否靠泊都算作抵达；写入

"Berth reachable on her arrival"（到达即可靠泊）条款，则船舶进港后，租家要指定一个可以马上靠挂的泊位，如果做不到，不论原因如何都算作租家违约，要赔偿船东延滞损失等。

（二）船舶已在各个方面具备装卸条件

在递交船舶装卸准备就绪通知书之前，要确保船舶在各方面已做好装卸货物的准备。此项要求主要指，在法律上，船舶已完成港口法律要求办理的海关、边防检查、海事等各项手续并取得相应证书；在技术上，船舶的吊杆或吊车、起货机及其他装卸工具已处于随时供装卸货物使用的状态，船上的货舱应该通过验舱或熏蒸，适于装货或卸货。

船舶在适货方面，应符合以下条件。

1. 验舱合格

船舱检验，简称验舱，是对承载出口商品的船舱，包括干货舱、油舱、冷藏舱（室）进行检验，目的是鉴定船舱是否符合运输契约规定要求，是否适宜拟装载商品。验舱证书可作为承运人的履约证明或供有关方面进行货物交接以及处理货损事故的依据。验舱事项一般包括以下几个方面。

（1）干货舱检验

对船舱的舱底、舱壁、舱顶、舱口框、护货板等固定设备进行检验，要求清洁、干燥、无异味、无虫害，设备齐全，适于受载拟装的货物。如发现不正常情况，应由船方清洁和改进。

（2）油舱清洁检验

检验船舱的舱底、舱壁、舱顶等部位，要求不得有影响拟装油液的油污、锈渍和有毒有害物质，且清洁、干燥、无异味；对于装运食用植物油的船舱，还必须进行食品卫生条件的检查。

（3）油舱密固检验

通常采用水压、油压或气压试验对油舱进行紧密性检验，要求按照技术规程，施加一定程度压力后，检查船舱各衔接部位是否有渗漏现象，符合装载液体商品要求的方可装货。

（4）冷藏舱（室）检验

检查制冷机械的定期鉴定证书是否超过有效期；检测冷藏舱（室）的温度是否符合合约规定的要求，冷冻效能是否稳定；检查舱顶、舱壁、舱盖、绝缘设备是否清洁卫生，有无特殊气味及有无漏水、漏气现象，绝热、通风及排气设备是否完善等；符合拟装货物要求的方可装载，以保证承载货物的卫生和安全。

（5）干货舱单项检验

对于装载特殊商品的船舱，可按申请人的要求，做特殊单项检验，如对拟装钢材的船舱，为使钢材不受氯离子侵蚀，可对舱底或舱内其他部位，以醮满蒸馏水的纱布染及粉尘后收集到试管，然后用硝酸银滴定法，测定其氯离子含量。

验舱工作一般需凭申请办理，但对装运出口粮油食品、冷冻品等易腐烂变质食品的船舱，根据《中华人民共和国进出口商品检验法》，由出入境检验检疫机构实施强制检验，检验不合格的，不准装载。除强制性验舱外，如果委托方、租方、船方等申请验舱，也要经商检验舱合格后方可视为具备装货条件。

2. 除鼠熏船

如果船长申请或海关发现鼠患并要求熏船，应在熏船结束并检验合格后，方可视为具备装货条件。

3. 货物熏蒸

如果进口卸货船舶需要对船上货物熏蒸，应在海关正式宣布熏蒸结束并适于卸货后，方可视为具备卸货条件。

4. 铺垫、隔舱基本就绪

船方负责的铺垫、隔舱基本就绪后，方视为具备装货条件。

（三）递交时间在规定时间内

船舶抵港后，应在当地的办公时间内递交通知书。因此，星期日或法定节假日不能递交通知书。如果租船合同中明确规定了递交通知书的具体时间，则船方必须在合同规定的时间内递交。有的合同并未规定通知书递接的具体时间，而是在其中规定"办公时间内"或"当地办公时间内"。在我国港口，可根据港口当地的办公时间（上午8点至12点，下午2点至6点）办理通知书的递接手续。通知书的递交和接受时间应尽量保持一致。

在接到船长发来的通知书后，外勤应审核通知书是否符合上述三个条件。如果不符，外勤应提醒船长通知书的递交要求，直到符合要求，再重新递交通知书。

三、代理签署通知书

在国内实践中，船方递交通知书后，代理往往无法转给协议方（找不到接受方或对方不肯接受签署），因此，船方常要求代理签署。在这种情况下，代理签署并不代表接受，只是证明船方试图通过代理递交的事实。代理一般可以用加批并明确地位的办法来解决。加批内容可以是"Notice of Readiness is to be tendered and accepted as per relevant agreement" 或 "Notice of Readiness tendered at × × hours on × × and shall be accepted as per relevant C/P, contract or agreement"，并在签名位置前加上表明地位的定语，如 "As ship's agent" 或 "As agent for × ×"。

此外，还有一种容易被船方接受的做法，即不管协议是否存在，船方向代理递交通知书，代理根据实际情况判断，按照当地惯例以代理身份予以接受并签署。具体做法是通知书递交对象必须是代理而不是第三方，而代理接受时的身份是船舶港口代理。这样递接的通知书不会构成侵权，对第三方一般不具有约束力，但能当一份证明使用。

一般情况下，船方往往需要代理准备通知书格式供其使用。通知书格式必须包括以下内容：递交对象、地点、日期、船名、抵达港口的名称和日期、检疫通过时间和日期、船舶已经备妥装/卸的货物名称及数量、通知书递交的时间和日期、通知书接受的时间和日期、船长签字和接受方名称及签字。上述内容应由船方填制，外勤应审核通知书的抬头（是否为本船舶代理公司）、抵港时间、依据的合同、递交时间等内容是否准确，船长是否已签字盖章。审核无误后，外勤应使用中文名字签署通知书。

通知书一般一式多份（5～7 份），一般要交船方和委托方各 2 份，船舶代理留 1 份，其余的交协议方（如有）。

四、递交与接受通知书

（一）递接通知书过程中船舶代理的角色

船舶代理在处理通知书递接业务前，必须先明确自己的身份。这样，才能正确处理递交行为，从而合理有效地维护有关当事人的利益。

（1）如作为船东代理，外勤不应该是通知书的接受者，而只能是通知书的传递者或递交者。在船舶准备就绪后，外勤应立即将通知书递交到租家或其代理人手中，并请其签署接受。

（2）如作为租家代理，外勤可以根据租船合同或租家的有关指示签署接受通知书。此时，应特别注意船舶是否抵达，船舶各方面是否真正做好准备，以及通知书递交的时间、方式等。

（3）如代表收发货人接受通知书，外勤应根据买卖合同或收发货人的有关指示签署接受通知书。此时，应注意买卖合同中对船期、交货期、装/卸率等方面的规定。

（4）如船舶代理与港方签有滞期/速遣协议，外勤应代表港方接受通知书。

（5）如果船长和船舶代理均未看到租船合同，也没有人指示船长或船舶代理递接通知书，为了保险起见，外勤最好签署 "RECEIVE"（收到），不使用 "ACCEPT"（接受）字样。

（二）特殊情况的处理

（1）如果船舶提前抵港但尚未到受载期，外勤应按照计划员的要求办理通知书的递接。

（2）对于在同一港口卸货和装货的船舶，卸货通知书和装货通知书必须分别递接。如果在同一泊位进行卸货和装货，装货通知书要在卸货完毕并检验合格后才能递接。

（3）如果船长同意边卸边装，通知书应在货物卸完时递接，但对已开始装货的各舱所用时间要如实做好事实记录。

知识卡片

航次租船标准合同——GENCON94 中关于通知书的规定

如果通知书在中午 12 点之前（包括 12 点）递交，则装卸时间从下午 1 时起算；如果通知书在 12 点以后递交，则装卸时间从下一个工作日上午 6 时起算。在装货港，通知书应递交给租船合同中规定的托运人。如未指定托运人，则递交给合同中的承租人或其代理人。在卸货港，通知书应递交给收货人，如未知，则递交给承租人或其代理人。

如果船舶到达装/卸港而无泊位，则船舶有权在到达后的办公时间内递交通知书，无论检疫与否，无论清关与否，且如果船长保证船舶在各方面均已备妥，如同船已靠泊并在各方面做好装/卸准备一样，则开始计算装卸时间或滞期时间。从等泊位置移到装/卸泊位的时间不计入装卸时间。

如果经检验发现船舶未准备就绪，则从发现之时起至再次准备就绪的时间不得计入装卸时间。

任务三　装卸时间事实记录表的编制

任务导入

"征途"号于 2023 年 6 月 17 日（周日）1630 抵达天津港引航检疫锚地抛锚。6 月

18 日 0950，天津红星国际船舶代理有限公司外勤陪同检疫官和检验官抵达锚地，登轮进行船舶检疫，1150 船长提交了装卸准备就绪通知书。该待泊至 6 月 19 日 0820，引航员登船后船舶起锚，1140 船舶开往天津南疆港区散货码头 26 号泊位，1230 船靠妥泊位，1800 开始卸货。至 6 月 22 日 1900 卸货完毕，共计 53200 吨镍矿。其中，6 月 20 日 0300 至 0700 因浓雾停工，6 月 21 日 0800 至 1200 因浓雾停工。

请根据上述背景资料缮制一份装卸时间事实记录表。

任务分析

装卸时间事实记录表（Laytime Statement of Facts，SOF，以下称时间表）详细记录了从船舶抵港至作业结束期间的有关船舶装卸的所有事实及其起始时间。它是计算船舶速遣、滞期时间的重要依据。

时间表通常由外勤编制，由船长、租家或收/发货人或其代理人签字确认。外勤应在船舶装/卸完毕以后缮制正式的时间表并交给相关方签字确认。要完成此任务，需要掌握时间表的内容和格式，熟悉缮制时间表的方法和常用语。

任务实施

一、明确时间表的内容

时间表是船舶在港装卸时间的详细记录，一般从船舶抵达引航锚地开始至货物装卸完毕为止。其内容一般包括船舶名称、货名、货物数量，以及船舶在港期间每日、每时发生的有关情况，如船舶抵港时间，通过检疫、验舱时间，递交和接受通知书的时间，等泊时间，引水员上船时间，起锚时间，靠泊时间，装卸开始时间，停工时间及原因，装/卸完毕时间，水尺公估时间等。

二、熟悉时间表的格式

装卸时间事实记录表样本如图 4 - 10 所示。

×× Agency Company Limited

LAYTIME STATEMENT OF FACTS

×× （Date）

M. V. _____ Loading/Discharging _____ Metric tons of _____

Mon/Date	Day	Time		Descriptions
		From	To	

Remarks：

1. Ship's G. R. T. _____．

2. There are _____ hatches on board this ship．

3. Hatches worked in this port are No. _____ and _____ only．

Master：_____　　　　As Agent：_____

图 4 - 10　装卸时间事实记录表样本

三、缮制时间表的方法

（一）熟悉租船合同的规定

缮制时间表时要实事求是，顾及委托方的经济利益；要注意不同合同的不同规定，如"作业期间的开舱盖""装货前的铺垫舱""允许两次移泊"等经常有特别规定的情况。

（二）详细记录，分清责任

（1）在船长同意的情况下，时间表上记录的时间一般以 5 分钟为起点数，应逐日、逐时连贯记载，中间不得有空隙或省略。

（2）在船舶抵达锚地检疫后的等泊过程中，如遇下雨、下雪、大风、浓雾等不良天气，应同时注明"等泊"和"不良天气"，以便按合约规定处理。"等泊"期间的不良天气应参照当地气象台的天气资料。

（3）在装卸作业过程中因不良天气，如大风、下雨、下雪、浓雾等造成停工的，在时间表中必须注明"由于××（不良天气）造成停工"。

（4）如果是船方原因（如绞车故障、货灯熄灭、索具更换、船电中断等）造成装卸停工，则需在时间表中注明"由于船方××原因造成停工"，以明确责任。

（5）移泊时间的记录要注意以下几点。

①在移泊前，从停止装卸至等候移泊所占用的时间可并入移泊时间，按"移泊"记录或记录为"准备移泊"。

②如果等候移泊时间较长，超过通常所需时间，属港方原因的情况，则应按照"等候移泊"记录；属船方原因的情况，应按照"船舶准备移泊"记录；属潮水原因的情况，应按照"候潮移泊"记录，不能用"停工"或"等候装卸"等原因不明的方式记录。

③在移泊后，如果在正常时间内恢复装卸，则应按照"准备开始装卸"或"准备恢复装卸"记录，不能记录为"等候装卸"。

④船舶在装卸过程中，因受潮水影响，需要从泊位移开，然后又移回，不能记录为"移泊"，应记录为"因潮水影响，作业中断"或记录为"因低潮，船舶脱离码头"及"船舶回靠码头"。

（6）根据船方申请，进行的困难作业及特殊平舱的时间应记录清楚。

（7）由于船舶设备问题造成工人伤亡或作业船舶被其他船舶碰撞等，进而使作业中断，应记录为"发生××事故，作业中断"。

（8）在装卸完毕后，如果应有关方的要求，需要船舶到锚地熏蒸，可另做时间表，时间应该衔接起来。时间表应分"等候熏蒸""准备熏蒸""熏蒸""等候船员返船"等阶段。

（9）在装卸完毕后，如果因港口使费未结清或处理海事等原因不能及时开航，则应在时间表中做好记录。

（10）如果船上装了多票货物，那么外勤可按有关方的要求，为不同发货人和不同货物分别缮制时间表。

（三）文字精练、统一、准确

时间表是船舶在港装卸时间的记录文件，它具体反映了船舶从抵港时起至装卸完毕为止的有关活动，是船东和租家之间计算装卸时间的重要依据。因此，缮制时间表要求文字精练、统一、准确。

（四）及时核对，做好签署工作

时间表来源于船舶在港期间船舶代理与船长等有关方核对的数据、时间和有关天气情况记录。因此，外勤应经常与码头装卸指导员、现场理货组长和船方核对，避免记录差错。与船方核对后，外勤应要求船方在记录草稿上签字，防止对方反复。

船舶装卸完毕，可先缮制正式的时间表，空出完工时间，待完工后填上实际完工时间，交船方签署。外勤与船方共同签署时，应在外勤的签名前注明"As agents only"。

如果船租双方均未委托代理制作时间表，船方自行制作时间表，并坚持要求代理签署时，那么外勤应在核对无误后，签署时注明"As ship's port agent"或加上"As witness only"的批注。

（五）船方批注的处理

如果船长在签署时间表时对装卸时间记录有异议，为维护船方利益可加批注。外勤应针对不同批注的性质与作用采取不同的处理方法。

1. 可接受的批注

下列一般性批注对结算时间无甚影响，可以考虑接受。

（1）"按租约规定办理"（Subject to all terms, conditions and exceptions as per C/P）；

（2）"仅为装卸时间记录"（For laytime record only）。

2. 不可接受的批注

下列一般性批注可能会给滞期时间、速遣结算产生一定影响，一般不予接受。

（1）"在抗议下签字"（Under protest）；

（2）"在争论中"（In dispute）；

（3）"以船东同意为准"（Subject to owner's approval）。

其他有影响的批注必须与船方厘清情况，核对事实，据理力争取消批注。如争执不下，必须迅速向委托方请示，并取得委托方书面确认，或将当时实际情况另做详细记载，附于时间表上，以便划清责任。

四、装卸时间事实记录表参考用语

在描述与装卸有关事实时，外勤经常会用到一些英文短句，如下所示。由于船舶在港的情况很多，以下用语不可能包括齐全。如遇有特殊情况，可自行据实翻译记录。

（一）船舶抵达

抵达并锚泊在引水锚地　　arrived and anchored at the pilot anchorage

抵达检疫锚地　　anchored at the quarantine anchorage

等候引航员　　waiting for pilot

等候检疫　　waiting for quarantine inspection

进行检疫　　conduct quarantine inspection

检疫通过　　free pratique granted

等高潮进港　　awaiting high tide for entry

等候办理进口手续　　waiting for entry（inward）formalities

（二）装卸准备

等候泊位　　waiting for berth

准备装卸　　preparation for loading/discharging

首末次开舱盖　　first opening and final closing of hatches

整理吊杆　　rigging derricks

（船员/工人）清扫舱　　cleaning cargo holds（by crew members/shore labourers）

铺垫舱　　dunnaging and matting

水密检验通过　　water tight test passed

接油管　　connecting hose pipes

拆油管　　disconnecting hose pipes

搭雨篷　　erecting rain tents

拆雨篷　　taking off rain tents

搭/拆防动板　　erecting/dismantling shifting boards

商检人员验舱　　inspecting cargo holds by cargo surveyors

验舱不合格　　inspection of cargo holds not passed

验舱合格　　inspection of cargo holds passed

（三）装卸作业

开始装卸　　loading/discharging commenced

继续装卸　　loading/discharging continued

在雨篷下装卸　　loading/discharging under rain tents

装卸完毕　　loading/discharging completed

水尺公估　　determining cargo quantity on board by draft surveyor

卸地脚　　discharging cargo sweepings

（特殊）平舱　　（special）trimming of cargo

扫舱　　sweeping holds

等驳船（车皮）　　waiting for lighters/wagons

等加载　　waiting for arrangement for additional cargo

等待租方卸货安排　　waiting for charterers' loading arrangement

等移泊　　waiting for shifting

等候舱口照明　　waiting for cargo lights

因××原因停止装卸　　loading/discharging suspended owing to...

（四）装卸时间

递交装卸准备就绪通知书　　notice of readiness tendered

接受装卸准备就绪通知书　　notice of readiness accepted

开始计算时间　　time commenced to count

按租约不计时间　　time not to count as per C/P

星期日不计时间　　time not to count on Sunday

元旦、春节、"五一"　　New Year's Day/Spring Festival/May Day

国庆节不计时间　　National Day of the People's Republic of China, time not to count

星期六下午不计时间　　saturday afternoon, time not to count

星期一0800前不计时间　　time not to count before Monday 8 am

冷却吸扬机时间　　time for cooling the motor of sucker

装卸重货不计时间　　time not to count for loading/discharging heavy lifts

雨篷下装卸不计时间　　loading/discharging under rain tents, time not to count

雨篷下装卸，时间按50%计算　　loading/discharging under rain tents, 50% of the time to be counted

恢复装卸　　loading/discharging resumed

暂停装卸　　loading/discharging suspended

（五）因天气、船舶属具原因停工

因间断下雨停工　　loading/discharging stopped due to intermittent rain

为防下雨停工　　loading/discharging suspended owing to precaution against rain

因雪停工　　loading/discharging suspended owing to snow

因大风/台风停工　　loading/discharging stopped due to strong wind/typhoon

因不良天气停工　　loading/discharging suspended owing to the bad weather

因潮水上码头停工　　loading/discharging suspended owing to tide flooding over the wharf

因港口受台风影响而停工　loading/discharging stopped owing to the port affected by typhoon

因扫沟水停工　loading/discharging suspended owing to sweeping of the bilge

因扫雪停工　loading/discharging suspended due to sweeping snow

移至……避大风/台风　Shifting to. . . for taking shelter against strong wind/typhoon

××舱因绞车故障停工　loading/discharging suspended in hatch No. × × due to winch trouble

××舱因吊货钢丝故障停工　loading/discharging suspended in hatch No. × × owing to cargo runner trouble

××舱因更换滑轮停工　loading/discharging suspended in hatch No. × × owing to replacing of block

××舱因更换钢丝停工　loading/discharging suspended in hatch No. × × owing to replacing of cargo runner

因蒸汽不足停工　loading/discharging suspended owing to insufficient steam

因船舶停电停工　loading/discharging stopped owing to suspension of ship's power

因灯光不足停工　loading/discharging suspended owing to insufficient light

因主机（辅机）故障停工　loading/discharging suspended owing to main engine (auxiliary engine) trouble

因油泵故障停工　loading/discharging suspended owing to pump trouble

因调整前后吃水停工　loading/discharging suspended owing to adjusting ship's drafts

因修改积载图停工　loading/discharging suspended owing to revising stowage plan

因雷/阵雨停工　loading/discharging stopped due to thundering/shower

因浓雾停工　loading/discharging suspended due to dense fog

因大浪/巨涌停工　loading/discharging suspended due to heavy surf/swell

因台风警报停工　loading/discharging suspended due to the typhoon alarm

台风警报解除　typhoon alarm released

等火车车皮　waiting for railway wagons

等驳船　awaiting barge/lighter

等租家指示　waiting for instruction from charterers

（六）船舶动态

起锚并驶往装/卸泊位　heaved up（weighed）anchor and proceeding to berth for loading/discharging

驶靠第××号码头　　proceeded and berthed alongside wharf NO. ××

从浮筒移至装/卸泊位　　shifting from buoys to loading/discharging berth

船系××号浮筒　　moored at buoys NO. ××

因……不能进港　　failed to enter owing to. . .

因……返回锚地　　turned back to anchorage owing to. . .

由于低潮往外拉船　　ship being kept off from wharf owing to low water

船舶回靠码头（指重新靠紧码头）　　ship hard up against wharf

靠往××泊位　　berthing alongside to berth NO. ××

靠妥××泊位　　berthed alongside to berth NO. ××

因错过潮水而未能进港　　failed to enter due to missing high tide

靠妥且缆绳全部系紧　　berthed alongside and all（lines）fastened

移泊　　shifting berth

准备移泊　　preparation for shifting berth

等候移泊　　waiting for shifting berth

移至锚地避台风　　shifting to the anchorage for taking shelter against typhoon

在泊向前/向后移动 20 米　　moving forward/backward 20 meters alongside the wharf

（七）熏蒸

商检人员（植物检验人员）发现舱内有虫　　insects found in cargo holds by surveyors/
plant quarantine officers

商检人员口头通知熏蒸　　cargo fumigation as per surveyor's notice

商检人员正式通知熏蒸　　cargo fumigation as per surveyor's official order

船移泊熏蒸　　shifting from wharf for fumigation

收到熏蒸通知　　received notice of fumigation

准备熏蒸　　preparation for fumigation

开始熏蒸　　fumigation commenced

投药　　chemical gas applied

熏蒸实行　　fumigation conducted

投放毒气　　poisonous gas released

船舶处于安全状态　　ship found in safe condition

开舱散毒　　hatches opened for releasing poisonous gas from cargo holds

熏蒸结束　　fumigation completed

船员离船　　crew went ashore

船员返船　　crew returned on board

（八）油区装卸

排放压舱水　　disballasting

验舱　　tanks surveying

开泵　　pumping commenced

因泵故障停止装卸　　loading/discharging suspended owing to pump trouble

停泵（完工）　　pumping completed

扫管线（清洗管线）　　pipe lines/hoses blowing

自流　　self flowing with residue pressure

打压载水　　taking ballast water

量舱（量空距）　　taking ullage of oil tanks

扫舱底　　stripping oil tanks

等候向舱内补充惰性气体　　waiting for inert gas refilling to oil tanks

（九）风暴的区域性习惯称呼

台风（东亚及东南亚）　　typhoon

季风风暴（北印度洋）　　monsoon gales

气旋（南印度洋、南太平洋）　　cyclone

热带风暴（赤道地区）　　tropical storms

飓风（墨西哥湾）　　hurricane

风暴（其他地区）　　storms

五、缮制时间表

根据任务背景，装卸时间事实记录表示例如表4-2所示。

表 4－2　　　　　　　　　　装卸时间事实记录表示例
Tianjin Sunlight Agency Company Limited
LAYTIME STATEMENT OF FACTS

Tianjin, 23rd June, 2023

M. V.　Journey　Discharging　53200　Metric tons of　nickel ore in bulk

Mon/Date	Day	Time		Descriptions
		From	To	
6/17	Fri.		16：30	Vessel arrived at Xingang Port and anchored at the pilot and quarantine anchorage
		16：30	24：00	Waiting for quarantine inspection
6/18	Sat.	00：00	09：50	Waiting for quarantine inspection
		09：50	11：50	Quarantine inspection carried out and free pratique was granted Notice of Readiness was tendered and accepted
		11：50	24：00	Waiting for berth
6/19	Sun.	00：00	08：20	Waiting for berth
		08：20	11：40	Pilot on board Heaved up anchor and proceeding to the discharging berth
		11：40	12：30	Berth alongside the No. 26 berth of south port
		12：30	18：00	Prepare for discharging
		18：00	24：00	Discharging commenced and then continued
6/20	Mon.	00：00	03：00	Discharging continued
		03：00	07：00	Discharging suspended due to dense fog
		07：00	24：00	Discharging resumed and then continued
6/21	Tue.	00：00	08：00	Discharging continued
		08：00	12：00	Loading suspended due to strong wind
		12：00	24：00	Discharging resumed and then continued

Mon/Date	Day	Time		Descriptions
		From	To	
6/22	Wed.	00：00	19：00	Discharging continued and completed
		19：00	20：00	Final draft survey was carried out
		20：00	21：00	Pilot on board Vessel sailed from Xingang Port to the next port

知识卡片

装卸日的含义

1. 日历日（Calendar Days）**或连续日**（Running Days，Consecutive Days）

以这种"日"表示装卸时间时，从装货或卸货开始，至装货或卸货结束，不论是天气不好的工作日，还是周末和法定节假日都要算作一天。

2. 工作日（Working Days）

工作日是指不包括星期日和法定节假日的港口可以进行工作的时间。

3. 晴天工作日（Weather Working Days，WWD）

晴天工作日是指不包括星期日、法定节假日和因天气不良而不能进行装卸作业的港口可以进行工作的时间。虽然晴天工作日中已包含了"星期日和法定节假日除外"的含义，但是一般租船合同习惯用"除去星期日和法定节假日的晴天工作日"（Weather Working Days，Sunday and Holiday Excepted；WWD，SHEX）记述。

4.24 小时晴天工作日（Weather Working Days of 24 Hours）

这种表示方法无论港口规定的工作时间是多少，均以累计 24 小时作为一个晴天工作日。也就是说，如果港口的工作时间是每天 8 小时，那么一个 24 小时晴天工作日就相当于 3 个正常工作日，这种规定对船东不利。

5. 连续 24 小时晴天工作日（Weather Working Days of 24 Consecutive Hours）

这种表示方法无论港口的正常工作日是多少，均按 24 小时计算。即除去星期日、法定节假日和天气不良影响装卸的工作日或工作小时后，其余的时间从午夜到午夜连续计算。这是目前使用较多的表示装卸时间的方法。

任务四 船方委办事项处理

任务导入

作为天津红星国际船舶代理有限公司的外勤，您从单船档案中了解到，外国籍轮船"征途"号将于6月17日进入天津港卸货。船方的委托事项有：加油、加水；排放压舱水；办理吨税；船长借支等。请您及时妥善办理各委托事项。

任务分析

船舶在港期间，除了进行装卸作业，还可能办理其他业务，如办理船舶吨税执照、船舶供应与维修、船员医疗与遣返、船长借支、船舶熏蒸、申请排放压舱水、代签提单等。对于船方所有的委办事项，外勤应在单船记录本上做好记录，并按照相关要求逐一办理。

任务实施

一、申办船舶吨税执照

吨税纳税义务发生时间为应税船舶进入港口的当日。应税船舶在吨税执照期满后尚未离开港口的，应当申领新的吨税执照，自上一次执照期满的次日起续缴吨税。

外勤在首次登轮时，必须和船长落实其是否持有有效的船舶吨税执照。如果船舶吨税执照过期或没有的，外勤需向海关递交《船舶吨税执照申请书》办理吨税执照，该申请书必须由船长签字盖章，办理吨税的有效天数（30天期、90天期或一年期）必须由船长和委托方同时确认。对于经常或定期挂靠我国港口的船舶，外勤可建议船长选择按90天期缴纳吨税，既方便又经济。反之，则选择按30天期缴纳吨税。需要注意，属于下列情况的船舶免征吨税：

（1）应纳税额在人民币50元以下的船舶；

（2）自境外以购买、受赠、继承等方式取得船舶所有权的初次进口到港的空载船舶；

  （3）吨税执照期满后 24 小时内不上下客货的船舶；

  （4）非机动船舶（不包括非机动驳船）；

  （5）捕捞、养殖渔船；

  （6）避难、防疫隔离、修理、终止运营或者拆解，并不上下客货的船舶；

  （7）军队、武装警察部队专用或者征用的船舶；

  （8）警用船舶；

  （9）依照法律规定应当予以免税的外国驻华使领馆、国际组织驻华代表机构及其有关人员的船舶；

  （10）国务院规定的其他船舶。

  外勤应在单船记录本上做好记录并在开船提醒事项栏目内作"送交船方新办吨税执照"的提醒。在船舶开航前，外勤应将吨税执照的正本交船方随船带走，将复印件留底。如果船方持有有效船舶吨税执照，则应在单船记录本上记录其有效期限，如果执照到期时，船舶仍在港作业，外勤应及时提醒船方申请办理新的执照。

  应税船舶负责人或其代理人可通过"互联网 + 海关"、国际贸易"单一窗口"等关企事务平台，登录"海关船舶吨税执照申请系统"，录入并向海关发送船舶吨税执照申请信息，也可以前往各直属海关办理船管业务的现场窗口办理（柜台支付）。

  如在网上办理，可访问"互联网 + 海关"一体化网上办事平台船舶吨税执照申请模块，在系统登录界面，输入 IC 卡或 Ikey 密码，点击"确定"按钮，系统自动登录，登录成功后跳转到船舶吨税执照申请系统主界面。

  如果在窗口办理，则应交验以下文件。

  （1）《船舶吨税执照申请书》（见图 4 – 11）；

  （2）船舶国籍证书或者海事部门签发的船舶国籍证书收存证明；

  （3）船舶吨位证明。

  如果应税船舶为拖船或无法提供净吨位证明文件的游艇，应税船舶负责人或其代理人还应提供发动机功率（千瓦）等相关材料。

二、申请压舱水排放

  压舱水（Ballast Water）是为了保持船舶平衡而专门注入的水，一般储存在船上专门的压载水舱中或一些特别加固的货舱中。压舱水是船舶安全航行的重要保证，特别是对于空载船舶。适量压舱水可保证船舶的螺旋桨吃水充分，将船舶尾波引发的船体震动降到最低限度，并维持推进效率。它可通过调节船舶的重倾（重量分布）

船舶吨税执照申请书

Application for Tonnage Dues Certificate

　　按照《中华人民共和国船舶吨税法》的规定，检同有关证件（包括国籍证书、吨位证书或相关部门证明文件），开具下列事项，请予完纳船舶吨税，并发给船舶吨税执照。

　　In compliance with the provisions of the *Vessel Tonnage Dues Law* of the People's Republic of China, I hereby submit the following particulars together with the relevant documents（including the Certificate of Nationality, the Tonnage Certificate or supporting documents issued by the relevant departments）with the request for the issue of a Tonnage Dues Certificate upon payment of tonnage Dues.

1. 船名　　　　　　　　　　　　　　　　　　　2. 船舶编号
Ship's Name _____　　　　　　Ship's Number _____

3. 船舶类型　　　　　　　　　　　　　　　　　4. 国籍
Ship's Description _____　　　　Nationality _____

5. 净吨位　　　　　　　　　　　　　　　　　　6. 进港时间
Net Tonnage _____　　　　　　Arrival Time _____

7. 按一年期、90日期或30日期（由申请人选定一种）
Tonnage Dues Certificate valid for one year/90 days/30 days（Applicant required the words）

_____

　　　兹声明上列各项申报正确无讹承担法律责任　　　　　此　致
中华人民共和国_____海关

　　I hereby declare that all the particulars given in this application are true and correct. I will take the relevant responsibility.

　　To _____ Customs of the People's Republic of China

船长（签名、盖章）_____　　船舶代理（签名、盖章）_____
Ship's Captain（signature and stamp）　　Ship's Agent（signature and stamp）

日期　　　年　　　月　　　日　　　日期　　　年　　　月　　　日
Date _____　　Date _____
备注
Remark _____

图4－11　船舶吨税执照申请书

和水尺（吃水深度），使船舶符合当时的海洋条件，确保船舶在航运过程中的稳定和操作安全。

　　对空驶来港的船舶，海事局和引航员为保证船舶具备足够的安全操作性能，同时为防止船舶在进港前在沿海偷排压舱水，要求进港空船至少保有船舶载重吨位1/4数量的压舱水。国际公约和港口法规对压舱水的排放都有明确的规定，排放以前必须分别向海关和海事局申请，获批后才能排放。对有专用分隔压载水舱的船舶，压舱水相对比较干净，只要压舱水不是来自疫区，往往在取样检验合格后可以直接排海。对未获批准直接排放的，有的需要消毒处理后才可排海，有的则需要排放到岸上污水处理设备中。

如果船舶需要在港排放压舱水，外勤应通知船长填写一份"中华人民共和国出入境检验检疫压舱水申报单"。外勤应及时将申报单送交海关并做好记录。在船舶抵达锚地或靠码头前，外勤应核实是否允许排放压舱水并将结果通知船方。如果船舶从疫区驶来，其压舱水如需排放，由卫检进行消毒处理后才可排放。

三、安排船舶修理

船舶修理的目的是通过修理更换已经磨损的零件、附属设备，使设备的精度、工作性能、生产效率得以恢复，从而使船舶处于良好的适航状态。

外勤接到船舶进港维修委托后，需根据委托方的要求，及时联系船坞或修理方和船方，并向海事管理机构递交申请。

外勤在接到船东、委托方或船长的书面修船通知后，一般工作程序如下。

（1）外勤通知相关方技术人员登轮与船方洽谈修理项目及方案，审核船舶修理项目的可行性。

（2）外勤通知修理方进行项目检测和维修费用预测，如果船长采取非现金支付，外勤应将报价通知公司财务。

（3）外勤将维修报价通知委托方，得到委托方确认接受报价后，外勤才能联系修理方实施修理。

（4）如果船舶修理项目小或船长支付现金，只需船方同意即可安排修理；若危及船舶安全、必须进行抢修，外勤可边安排修理边与委托方联系；如果船舶进行的修理项目包括以下项目，根据《中华人民共和国对外国籍船舶管理规则》第二十条的规定，应事先向港务监督申请批准：拆修锅炉、主机、锚机、舵机、电台；试航、试车；放艇（筏）进行救生演习；烧焊（进船厂修理的除外）或者在甲板上明火作业；悬挂彩灯。在上述项目中，遇到较多的是明火作业，修理主机、锚机和舵机的情况。在开始上述作业之前，外勤应代船方向港务监督递交船舶修理事项申请书（见图4-12），经批准后方能进行。

外勤应将港务监督的批复结果及时通知委托方和船长。

船舶修理事项申请书
APPLICATION FORM FOR REPAIRING WORK ON BOARD

船名 Ship's Name _____	国籍 Nationality _____	船舶所有人 Ship's Owner _____
到港日期 Date of Arrival _____	预计离港日期 E. T. D _____	停泊位置 Berthed at _____

申请事项
Items of Application

作业部位（或设备）
Part（or Equipment）to Be Worked

作业单位
Working Corporation

作业时间
Working Time： From _____HRS. _____Day _____Month
To _____HRS. _____Day _____Month

备注
Note

此致
中华人民共和国上海港务监督
To Shanghai Harbor Superintendence Administration of P. R. C

船长签字   轮机长签字
Signature of Captain _____   C/Eng's Signature _____
                                                 日期
                                                 Date _____

图4－12　船舶修理事项申请书

（5）对于影响船舶动力和操作的修理，如主机、舵机修理，外勤应将预计修理时间告知港方，以方便船舶在港计划的安排。

（6）外勤应监督相关方的修理进展，并向船东、委托方、船长通报修理情况。

（7）外勤应对修船过程做好记录。

四、安排船、货熏蒸作业

一些老旧船舶因卫生状况太差，鼠虫害严重，海事管理机构可能下令对船舶进行熏蒸或除鼠除虫作业。一旦需要对船舶进行熏蒸，往往会发生较高数额的费用，包括专业熏蒸队的人工费和药费，船员离船上岸的住宿和伙食费，船员离船、换班和返船的交通（拖轮）费用，安全值班用的监护拖轮费用，等等。因此必须尽快与委托方或船东联系落实港口使费备用金。

船舶在锚地熏蒸时，为确保港口和船舶安全，海事管理机构一般会要求留一定数量的船员在船值班监护，外勤应配合熏蒸队向留守值班的船员进行安全措施的培训和说明，防止出现人员中毒事故。

熏蒸结束后要进行规定时间的散毒，散毒期间禁止人员上下船。此后，外勤再上船时仍需保持警惕，注意个人防护。熏蒸结束后，外勤应及时将熏蒸证书交给船方并寄送给委托方。

船舶载运进出口粮食、木材等货物时，有时需要在船舶靠泊前或离港前，在船上对货物进行熏蒸。这类熏蒸一般由货主安排并支付相关费用。这种情况下，往往需要得到船方的同意和配合，外勤应积极配合货主做好船方工作，包括思想工作和各种解释说明工作。

五、安排船舶及相关项目检验

（一）船舶证书年检或更新

（1）如果船方申请办理船舶证书年检或更新，外勤应请船长填写一式两份的委托书，注明检验项目，并将委托书转交给计划员。

（2）外勤应随时注意检验的实施情况，在检验完毕后、船舶开航前，将有关证书送交船上。

（3）船方申请卫生证书的更新时，外勤应及时向海关申请办理。

（二）货物检验

外勤应根据船舶装卸货物的种类，及时提醒船长安排各类检验，主要包括：货舱适装检验（验舱）、货舱货物卸尽检验（油轮干舱检验）、船舶水尺公估（计量）、货舱密封性能检验（水密检验）、货损检验（验残）、货物品质检验、船损检验、船舶适航检验、船用设备检验（包括临时和定期）、货物重量检验和尺码丈量等。由船方负担费用的检验应取得船方书面申请，检验证书要及时送交船方或委托方。

（三）水尺公估

对于散装船舶，在装卸货之前一般需要水尺公估。外勤应通知公估人员及时登轮进行公估，并在单船记录本上记录好公估时间和公估数据。

六、期租船的交/还船和停/起租

（一）期租船的交船与还船

外勤在接到船东/租家关于办理期租船交/还船的书面要求后，应了解船东/租家对存油水量测量/船舶状况检验的要求，明确船东/租家的全称和交/还船的时间、地点。

根据船东/租家的要求，外勤应以书面形式向船舶检验机构提出有关的检验/测量申请，并及时与检验机构联系，保证检验/测量的按时进行。在检验/测量结束后，外勤应取回检验/测量报告，并根据检验/测量报告缮制期租船交船证书。

期租船交船证书式样如下所示。

Tianjin, 20th April, 2023

DELIVERY CERTIFICATE

This is to certify that M. V. *Eagle* flying Cyprus flag was delivered to the Charterers, Messrs. Hugo Lee Trading House Ltd. , Hong Kong by the Owners, Messrs. John Smith Shipping Co. , Ltd. London at 1630 hours (local time) on 20th April, 2023 at the port of Tianjin, China.

At the time of delivery, there were on board:

320 metric tons of fuel oil,

20 metric tons of diesel oil.

All other terms, conditions and exceptions as per the charter party dated 30th March, 2023.

For and on behalf of the Owners:

Master: _____

M. V. *Eagle*

For and on behalf of the Charterers:

As agent: _____

Cosmos Agencies Tianjin Co., Ltd.

期租船还船证书式样如下所示。

Tianjin, 20th April, 2023

REDELIVERY CERTIFICATE

This is to certify that M. V. *Eagle* flying Cyprus flag was redelivered to the Owners, Messrs. John Smith Shipping Co., Ltd. London by the Charterers, Messrs. Hugo Lee Trading House Ltd. Hong Kong at 1630 hours (local DOP time) on 20th April, 2023 at the port of Tianjin, China.

At the time of redelivery, there were on board:

650 metric tons of fuel oil,

70 metric tons of diesel oil.

All other terms, conditions and exceptions as per the charter party dated 30th March, 2023.

For and on behalf of the Charterers:

As agent: _____

Cosmos Agencies Dalian Co., Ltd.

For and on behalf of the Owners:

Master: _____

M. V. *Eagle*

（二）期租船的停租与起租

租约规定，凡是在租期内，由于船东没有履行租约，或者船舶受到非租方的责任所造成的损坏，致使船舶不能继续为租家进行正常服务，均属于停租条款的范围，可计算停租时间。

停租以后，当船舶又重新处于有效状态，并重新提供服务，从起用开始，记录开始时间。

发生停/起租事件，需要制作停/起租证书。如委托方申请，外勤应按检验部门出具的检验证书或船长提供的油水数据缮制停/起租证书。停/起租证书内容主要包括停止和起用的时间、地点、原因和存油量。停/起租证书要由船长和外勤共同签字。

停租证书式样如下所示。

Tianjin,15th April, 2023

OFF-HIRE CERTIFICATE

This is to certify that M. V. *Eagle* flying Greek flag went off-hire as from 1500 hours（local time）on the date of 15th April,2023 in the port of Tianjin,China.

At the time of going off-hire,there were on board：

700 metric tons of fuel oil,

120 metric tons of diesel oil,and

200 metric tons of fresh water.

All other terms, conditions and exceptions as per the charter party dated 20th March,2023.

For and on behalf of Owners　　　　　For and on behalf of Charterers

Master：_____　　　　　　As agent：_____

M. V. *Eagle*　　　　　　　　　　Cosmos Agencies Dalian Co.,Ltd.

起租（复租）证书式样如下所示。

Tianjin, 20th April, 2023

ON-HIRE CERTIFICATE

This is to certify that the M. V. *Eagle* flying Greek flag went on-hire as from 1500 hours （local time） on the date of 20th April, 2023 in the port of Tianjin, China.

At the time of going on-hire, there were on board：

700 metric tons of fuel oil,

100 metric tons of diesel oil, and

100 metric tons of fresh water.

All other terms, conditions and exceptions as per the charter party dated 20th March, 2023.

For and on behalf of Owners　　　　　For and on behalf of Charterers

Master：_____　　　　　　As agent：_____

M. V. *Eagle*　　　　　　　　　　Cosmos Agencies Dalian Co., Ltd.

七、买卖船的交接

在买卖双方基本确定交/接日期、地点后，外勤应按照公司规定格式准备船舶交/

接证书，并安排好船员遣返工作，在约定的地点由买卖双方或其代表签署船舶交/接证书。在船签署交/接证书的一般还需要安排升、降旗仪式。外勤应留一份交/接证书副本存放在单船档案中。

买卖船交接证书式样如下所示。

Tianjin, 20th April, 2023

CERTIFICATE OF DELIVERY AND ACCEPTANCE

This serves to certify that Oriental Ship Holding Co., Ltd. Soul as Sellers, represented by Master of M. V. *Eagle*, agrees to deliver and China Merchant Navigation Co., Ltd. Hong Kong as Buyers, represented by Mr. Dong, the managing director of the company, agrees to accept the delivery of the M. V. *Eagle* of 62250 gross tons and 42350 net tons registered, in the port of Tianjin at 1030 hours (local time) on the date of 20th April, 2023 as per the purchase agreement dated 20th March, 2023 in London.

It is hereby further confirmed that at the time delivery and acceptance, there were remaining on board:

200 metric tons of fuel oil,

150 metric tons of diesel oil,

1 piece of spare bronze propeller.

For and on behalf of Sellers

M. V. *Eagle*

For and on behalf of Buyers

Mr. Dong

八、海上交通事故处理

海上交通事故主要包括：触礁或搁浅；碰撞、触碰或浪损；火灾或爆炸；遭遇自然灾害；沉没或失踪；造成水上或水下建筑物或者设备的损害；在航行中发生影响船舶适航性的机件或重要属具的损坏或灭失；由于船舶设备不良或船方过失造成人员伤亡及其他事故等。

船舶发生海上交通事故往往涉及人员生命和财产的救助。此时，船方通常需要外勤到现场协调处理。外勤在协调处理上述情况时，应配合公司专职海事处理的人员或独立开展相关工作，详细了解事实经过并争取取得双方对事实经过描述的书面材料，协助双方取证，尽快报告上级领导并通知委托方，建议船方尽快安排损坏检验并采取适当措施防止损害的扩大，根据委托方或船方的申请通知相关的保险人或其代表机构。

· 126 ·

在协调处理事故时，外勤应站在公正的立场上，尽量掌握第一手材料，认真听取双方陈述，在开始阶段不要轻易表态，努力说服双方不要采取情绪化的现场争论，建议双方以收集证据为主要工作方向，将判定责任的工作留给专业人士去做。

如有人员伤亡，应首先安排抢救伤员，发生死亡事故的要及时向港务监督。如果船舶受损的情况较严重，影响到船舶适航性，外勤要及时报告海事局并安排修理，修理后要安排船检进行修复检验。

如果船舶发生海上交通事故，船长通常需要提交海事声明（见图4-13）和海上交通事故报告书，外勤应注意这两份文件的区别（见表4-3），提醒船方附上航海日志摘抄等文件，并在船舶抵港24小时内将海事声明转交海事局。遇到特殊情况，如因大风、

Sea Protests

Port：

Date：

To：(1) Port Authority, or

(2) Chinese Diplomatic Representative, or

(3) Notary Public：

Name of Vessel：_____　　　　Tonnage of Cargo：_____

Gross Tonnage：_____　　　　Sailed from _____ to _____

Port of Registry：_____　　　　Bound for _____

Shipowner：_____　　　　Calling on Route at _____

Kind of Cargo：_____

And Arrived at _____ on _____

In View of the Following：

_____

_____

_____

And fearing loss or damage, I hereby note my protest against all losses, damages, etc., reserving the right to extend same at time and place convenient.

Witnesses on Board：

_____（name and rank）

_____（name and rank）

_____（name and rank）

Master of（name of vessel）_____

Enclosures：Abstracts of deck logbook

图4-13　某船公司海事声明范本

大雨、大雾等恶劣天气而无法按时递交海事声明和海上交通事故报告书时，外勤应先征得港务监督同意，之后可予以适当延迟，并做好记录。

表4－3　　　　　　　　　　海事声明与海上交通事故报告书比较

比较项目	海事声明	海上交通事故报告书
定义	船舶在锚泊、停泊或航行时，遭遇到不可控制的情况，估计可能发生损坏或者损失难以避免，但实情不详，为维护船舶利益，船方向有关方提出保留索赔权利或免除责任的书面声明	船舶在锚泊、停泊和航行中，由于事故引起的损害情况业已明确，其对船、货等损失是无疑真实的，为了说明事故发生过程及责任情况向有关当局提出的报告
递交情况	应递交海事声明的情况： (1) 遇八级或八级以上风浪，可能造成船舶、货物损坏时； (2) 因风浪摇摆剧烈，货物倒塌、移位，有可能造成货损时； (3) 共同海损事故	应向有关方递交海上交通事故报告书： (1) 触礁、搁浅； (2) 碰撞、触碰或浪损； (3) 火灾或爆炸； (4) 沉没； (5) 在航行中发生影响适航性能的机件或重要属具的损坏或灭失； (6) 其他海上交通事故
递交时间	(1) 在港区水域内发生海上交通事故，必须在事故发生后24小时内提交。 (2) 在港区水域外发生海上交通事故，必须在到达第一港后48小时内提交	参见海事声明
主要内容	(1) 本船资料（船名、总吨、净吨、建造日期、船籍港等）。 (2) 本航次所遭遇情况及海上气象。 (3) 对可能发生的损坏声明保留索赔或免责的权力。 (4) 要求在适当时机和地点予以延伸	(1) 船舶、设施概况和主要性能数据； (2) 船舶、设施所有人或经营人的名称、地址； (3) 事故发生的时间和地点； (4) 事故发生时的气象和海况； (5) 事故发生的详细经过（碰撞事故应附相对运动示意图）； (6) 损害情况（附船舶、设施受损部位简图，难以在规定时间内查清的，应于检验后补报）； (7) 船舶、设施沉没的，其沉没概位； (8) 与事故有关的其他情况
效用	船方递交的海事声明仅是单方面的事实记录，但已经签证的海事声明以及经检验师对具体损坏项目出具的检验报告，可作为索赔或免责的有效证明文件	作为海上交通事故调查的文书材料

续 表

比较项目	海事声明	海上交通事故报告书
由谁签证	（1）国内港口，交港口港务监督签证。 （2）国外港口，可按当地习惯向到达第一港船旗使、领馆签证或通过船代交当地港口当局签证或通过船代交当地港口公证人签证	参照海事声明
附件	航海日志摘要、车钟记录簿	航海日志摘要、车钟记录簿、事故动态图、受损部位简图等材料
其他	根据主管机关的需要	根据主管机关的需要

知识卡片

船舶维修项目

一、坞修

坞修是指在船坞内对水线以下船体结构、推进装置以及浮于水面时不能施工的其他构件或设备所进行的修理工作。船舶坞修是一项很重要的工作，它不同于船员的日常维修保养，也不同于有针对性的航次专项修理，而是一项综合性系统工程。优质、高效的坞修，是船舶正常运营和安全管理的重要保证，坞修检验结合期间检验或特别检验，也是船舶保持船级的必要程序。

轮机坞修工程主要是船舶推进装置、舵和水线下的船舷阀件等的检修，具体项目包括：海底阀箱的检查与修理，海底阀的检查与修理，螺旋桨的检查与修理，螺旋桨轴及轴承的检查与修理，舵系的检查和修理。

具有中国船级社（CCS）船级的船舶为了保持船级还应按照《钢质海船入级规范》要求，定期进行坞内检验、螺旋桨轴和尾轴的检验，检验间隔期一般不超过 5 年。以上两项检验均需船舶进坞完成，船级检验可以与船舶坞修结合进行。

二、小修

小修是按规定周期有计划地结合船舶年度检验进行修理的小工程，主要是对船体和主副机等进行重点检查。小修的目的是修复在营运中过度磨损的部件和配件，使船舶能安全营运到下次计划修理的时间。

小修的工程范围应尽可能小，尽量不拆开或少拆开机电设备，不进行加装或移位等改建项目，具体项目包括：船舶主机修理，船舶副机修理，电机电气部分修理，甲板部分修理，其他部分修理（如空气瓶出舱、放残、试压等）。

小修间隔期：客货轮为 12 个月，远洋货轮为 12～18 个月。如果船舶技术状况较好，经验船师检验同意后，则可以延长 6 个月，但最多不超过 12 个月。

三、检修

检修是修船的最大修理类别，每隔 2～3 次小修期进行一次，尽量结合验船的特别检验进行。检修时除进行一般小修工程外，还应拆开必要的机器设备，对船体和各主要设备进行一次比较全面的检查，修复小修中未能消除的缺陷。通过检修，船舶的技术状况应达到一类、二类级别的要求，使主要的设备和系统安全运转到下次检修。对于维持类性质的船舶一般不安排检修。

四、海上事故修理

海上事故修理是指船舶在营运中，如遇到不可抗拒（台风、龙卷风）的因素或意外碰撞、触礁造成海损事故，需要根据船舶损坏程度和船检部门提出的修理意见和要求进行的临时性修理，以便能取得适航证书。海上事故修理日期如接近计划修理日期时，可以考虑合并进行。

德润匠心

提质增效——锦州外代圆满完成首次大件设备接卸操作

2024 年 5 月由锦州外代代理装载大件设备的某轮靠泊锦州港 304 泊位，标志着锦州外代延伸业务链条首次圆满完成大件设备接卸代理操作。

此次操作的大件设备主体件重 128 吨，另附 8 个箱装配件。锦州外代第一时间与港方召开碰头会，并积极与件杂调度、港调、海关等进行协商，在对港口不具备非标准设备卸船和倒运能力、车辆属性和相关流程存在一定出入等因素进行综合考量后，合力研究具体接卸方案。方案充分借助货主专业的特种车接运主体件，后由船吊把大件设备卸至车上运至库场，经海关查验放行后运回工厂。

在海关和港方的大力支持下，锦州外代提前办理特种车口岸限定区域通行相关手续，及时引领其经内贸卡口进港到达船边，平稳准确落在特种车固定位置，最终运抵海关监管场站。

操作期间，锦州外代全程紧密跟踪，时刻关注接卸情况，配合船上工作人员一次性完成船吊、主体设备绑扎固定、接卸车辆调整合适距离等操作，确保特种车安全进出港，高效高质完成接卸任务，获得了客户高度赞扬。

拓展练习

一、单项选择题

1. 需要接受入境检疫的船舶，在白天时，为申请检疫并表示本船无染疫，应按规定在明显处悬挂（　　）检疫信号。

参考答案

A. QQ　　　　　　B. Q　　　　　　C. AQ　　　　　　D. QQQ

2. 船代在船舶抵达港口前未办妥进口手续的，须在船舶抵港后（　　）内到检查机关办理进港手续。

A. 6 小时　　　　B. 12 小时　　　　C. 24 小时　　　　D. 48 小时

3. 代理为船舶领取离港证并交给船方后，船舶未能在 24 小时内离港，外勤应该（　　）。

A. 让船舶离港并继续使用已交船方的离港证

B. 上船将离港证取回退还给海事局，重新办理离港证

C. 将情况报告港务监督机构，由港务监督机构商其他检查机关决定是否重新办理出口岸手续

D. 忽略此情况，等待船舶自行离港

4. 装卸时间事实记录的内容包括（　　）等。

①本船舶入港的日、时；

②递交和接受装卸准备就绪通知书的日、时；

③装卸过程中因故中断作业及重新进行装卸工作的起止日、时；

④装卸货物的数量。

A. ①②③　　　　B. ①②③④　　　　C. ①③④　　　　D. ②③④

5. （　　）是外勤在办理进口或出口报关手续时所需的单证。

A. 托运单　　　　B. 装货单　　　　C. 载货清单　　　　D. 收货单

6. 外国籍船舶在中国港口未按规定悬挂中国国旗，应由（　　）来处理。

A. 边防检查站　　B. 海事局　　　　C. 船代　　　　D. 海关

7. 对于来自国内港口的国际航行船舶，船到港后应向海关呈交（　　）。

A. 上港船长借支证明　　　　　　　B. 关封

C. 上港离港证　　　　　　　　　　D. 枪支弹药表

8. 需要向边防检查站特别申报的是（　　）。

A. 载有危险货物的船舶

B. 来自与我国无外交关系国家港口的船舶

C. 携带有枪支武器弹药的船舶

D. 来自疫区的船舶

9. 如船舶在港外发生海损事故，船长应在船舶进入第一港口（　　）小时内，向海事局递交海上交通事故报告书。

A. 12　　　　　　　　B. 24　　　　　　　　C. 48　　　　　　　　D. 72

10. 外勤在编制装卸时间事实记录表时，做法正确的是（　　）。

A. 由于长时间处于相同状态，故可省略合并同类项

B. 列出船舶作业受阻的主要原因即可，其他事实可以不列

C. 坚持逐日逐时逐事真实连贯记录，不留空隙

D. 由于大雾、雨雪天气停工，只注明停工时长即可，无须详细说明

11. 因租家与船东常常就是否允许移泊、允许移泊的次数和费用承担等预先有约定，故在编制装卸时间事实记录表时，外勤记录船舶从锚地驶往泊位，应使用（　　）。

A. shifting　　　　　B. proceeding　　　　C. sailing　　　　　D. going

12. 入境船舶夜间为申请检疫并表示本船没有染疫，应在明显处垂直悬挂三盏（　　）。

A. 红灯　　　　　　　B. 黄灯　　　　　　　C. 红白红灯　　　　D. 红红白灯

13. 船舶代理外勤在处理船舶离港手续时，（　　）不是必须完成的步骤。

A. 确保所有海关手续已经完成

B. 收集并整理所有必要的离港文件

C. 安排船舶的燃料和淡水补给

D. 确认船上所有人员的签证和入境许可

14. "金康94 合同"规定，如准备就绪通知书在中午12 时之前（包括12 时）递交，装卸时间从下午1 时起算；如通知书在12 时以后递交，装卸时间从（　　）上午6 时起算。

A. 下一个良好天气工作日　　　　　　　B. 下一个工作日

C. 下一个良好天气日　　　　　　　　　D. 下一个连续日

15. （　　）不属于免征船舶吨税类型。

A. 应纳税额在人民币50 元以下的船舶

B. 吨税执照期满后24 小时内不上下客货的船舶

C. 中外合营企业使用的中国籍船舶

D. 非机动船舶（不包括非机动驳船）

二、多项选择题

1. 装卸准备就绪通知书（NOR）的递接条件有（　　　　）。
A. 船舶抵达合约指定的港口　　　　　　B. 船舶办妥进口手续
C. 船舶"适货"　　　　　　　　　　　　D. 在规定时间内递接

2. 在船舶进出口申报中，（　　　　）是向一关三检都要递交的。
A. IMO 健康申报单　B. 吨税执照　　　C. 总申报表　　　　D. 船员名单

3. 入境船舶的检疫方式有（　　　　）。
A. 锚地检疫　　　　　B. 靠泊检疫　　　C. 电讯检疫　　　　D. 随船检疫

4. 国际航行船舶需要办理的进出港手续有（　　　　）。
A. 海关手续　　　　　B. 检验检疫手续　C. 边检手续　　　　D. 海事监督手续

5. 在我国，船舶吨税执照有（　　　　）。
A. 30 天期　　　　　B. 60 天期　　　　C. 90 天期　　　　D. 1 年期

三、判断题

1. 除非委托方事前有委托或代理协议中有规定，给船长借支必须事前取得委托方书面指示或确认。（　　　　）

2. 装运需要法定验舱的出口货物（如粮食等）的船舶，必须在验舱通过后才可以装货。（　　　　）

3. 船长管理船舶和驾驶船舶的责任可因引航员引领船舶而解除。（　　　　）

4. 凡因自然灾害或意外事故直接导致的船舶或货物的部分损失应属于共同海损。（　　　　）

5. 船舶在港内需要直接排放压舱水、洗舱水、舱底水入海，必须向海关和海事局申请，获批准后才可以排放。船舶如来自疫区，还应先经过当地卫检的处理和批准，对有可能被危险、有害或其他物质污染的，则需要先经过指定检验机构取样化验检查，确定合格的才可获准直接排放入海。（　　　　）

四、操作题

请根据下述情况填充 SOF 中的空白项目。

"彩虹"轮于 2023 年 5 月 17 日 1830 抵达新港引航检疫锚地抛锚；5 月 18 日 0900，外勤陪同检疫官登轮进行船舶检疫；5 月 18 日 1050，检疫完成，船长请外勤转交了NOR；"彩虹"轮待泊至 5 月 19 日 1415，引航员登船后船舶起锚；5 月 19 日 1500，船舶抵达新港矿石码头 17 号泊位，1530 船靠妥泊位；5 月 19 日 1600 开始卸货（52000

吨散装水泥），至 5 月 22 日 1000 卸货完毕。其中，5 月 20 日 1400 至 1800，因下雨停工。

五、实训项目

假如您是 Tianjin Red Star Shipping Agency Co.,Ltd. 的外勤，请根据实训素材缮制装卸时间事实记录表。

Tianjin Red Star Agency Company Limited

LAYTIME STATEMENT OF FACTS

Tianjin, ＿＿＿＿＿＿＿, 2023

M. V. ＿＿＿＿＿＿＿ Discharging ＿＿＿＿＿＿＿ Metric tons of ＿＿＿＿＿＿＿

Mon/ Date	Day	Time		Descriptions
		From	To	
5/17	Thu.	—		Vessel arrived at the port of XINGANG and anchored at the pilot anchorage
		18：30	24：00	
5/18	Fri.	00：00		Waiting for quarantine inspection
			10：50	
		10：50		Waiting for berth
5/19	Sat.	0：00	14：15	Waiting for berth
		14：15	15：00	Pilot on board. Heaved up anchor and proceeding to the berth
		15：00	15：30	Berth alongside the NO.17 berth of XINGANG ORE Terminal
		15：30	16：00	
		16：00	24：00	Discharging commenced and then continued
5/20	Sun.	00：00		Discharging continued
			18：00	
		18：00	24：00	Discharging commenced and then continued
5/21	Mon.	00：00	24：00	Discharging continued
5/22	Tue.	00：00		Discharging continued and completed

（一）实训要点

实训任务	装卸时间事实记录表缮制
实训目标	能够准确应用装卸时间事实记录表用语，并制作出装卸时间事实记录表
实训时间	80 分钟（建议）
实训地点	实训机房（建议）
实训素材	船舶装卸时间中文案例描述
实训要求	根据实训任务背景，结合相应教学资料，制作出 Excel 格式的装卸时间事实记录表
实训步骤	（1）阅读给定中文案例； （2）整理该船舶装卸时间重要节点及对应装卸动态； （3）从教材中查找船舶装卸动态专业用语； （4）参考教材中的示例，制作出 Excel 格式的装卸时间事实记录表
评价方式	学生互评，教师点评

（二）实训素材

"胜利"轮于 2023 年 7 月 17 日（星期一）1900 抵达新港引航检疫锚地抛锚。

7 月 18 日 1000，外勤陪同检疫官登轮进行船舶检疫。

7 月 18 日 1130，检疫完成，船长请外勤转交了 NOR。

"胜利"轮待泊至 7 月 19 日 1545，引航员登船后船舶起锚。

7 月 19 日 1630，船舶抵达新港矿石码头 17 号泊位，1700 船靠妥泊位。

7 月 19 日 1730 开始装货（32000 吨散装铁矿），至 7 月 21 日 0900 装货完毕。其中，7 月 20 日 1000 至 1500，因下雨停工。

教学目标

知识目标

熟悉常见的港口使费费用单据；掌握航次结账单的内容；掌握班轮运费和航次租船运费的结构。

技能目标

能够认真审核港口使费费用单据；能够及时缮制航次结账单；能够及时进行对外航次结算；能够依据委托协议及时代收、代付运费。

思政目标

感知国际船舶代理结算工作所需的严谨细致、追求卓越的精神，培养服务意识，增强法治意识，提高法治素养。

知识要点结构图

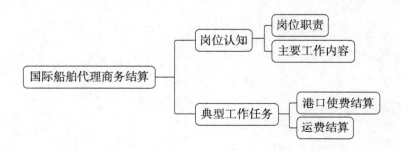

岗位认知

一、结算员岗位职责

（1）汇总、整理和审核费用单据。

（2）缮制航次结账单，寄送航次结账单及费用单据。

（3）对外航次结算，催收欠款或退款。

（4）航次结算完毕，装订单据并及时归档。

（5）按委托方要求及时代收、代付运费。

二、结算员主要工作内容

（一）航次结算

（1）催收、整理和审核结算单位的各种费用单据及发票，如认真审核单据发票是否有船长签字和印章，日期、计费是否准确，是否有重复收费，对没有英文加注的单据，要加注英文。

（2）在船舶离港后 30 日内，缮制航次结账单。

（3）审核航次结账单，连同单据装订整齐，装入信封，于船舶离港后 30 日内寄送委托方。

（4）对航次结算后发生欠款的，向委托方催要欠款，直至索汇欠款。对于委托方要求退款的，及时办理退款。

（5）单船代理工作结束后，将所有的文件按时间顺序装订成册，放入单船档案袋。

（二）运费结算

1. 进口到付运费

（1）审查客户所持的正本提单，核对舱单、到付清单，打印购付汇联给客户。

（2）审核本地客户提供的正本银行受理联和外地客户提供的银行付款水单影印件及有效担保函，在正本提单上盖运费结算章，与发票一并交给客户。

2. 出口预付票结运费

（1）每到月结时间，打印购付汇联，通知月结客户缴纳运费。

（2）客户取购付汇联，缴款。

（3）确认运费入账后，提供发票给客户。

3. 出口预付月结运费

（1）核对客户所持的托运单上的付费人与实际发货人是否一致，若不同，客户应提供有效担保函。

（2）若相同，核对运价后，打印购付汇联给客户。

（3）审核本地客户提供的正本银行受理联和外地客户提供的银行付款水单影印件及有效担保函，在运费发票上盖运费结算章，与发票一并交给客户。

任务一　港口使费结算

任务导入

某外轮完成装卸货离港后，结算员如发现索取的港口使费备用金不足或者略有盈余，如何尽快向委托方催收欠款或者将盈余退还给委托方并结算本航次的港口使费呢？

任务分析

通常在船舶离港后的 30 日内，结算员应及时汇总船舶在港所支付的各项费用和应支付的代理费，详细列出航次结账单，连同所付的各项收费单据寄交委托方，并将扣除上述费用后的港口使费备用金余额退回或结存，进行航次结算。

要完成上述工作任务，结算员需要熟悉港口费收项目和港口状况，熟悉常见的港口使费费用单据，掌握航次结账单的内容，具备较好的分析判断能力、沟通协调能力和商务谈判能力。

任务实施

一、航次结账单

航次结账单（Trip Account Sheet）指的是根据"一船一结""一港一清"的结算原则，结算员对于航次代理的船舶，填具的该船舶某航次的费用结算账单。航次结账单如表 5 – 1 所示。

表 5 - 1　　　　　　　　　　　　　　　航次结账单
TRIP ACCOUNT SHEET

委托单位 Entrusting Party：

净吨 NRT：　　　　　　　　　　　　　　船名 Vessel：

进港日期 Date of Arrival：　　　　　　　　离港日期 Date of Departure：

港名 Port：　　　　　　　　　　　　　　装卸货 Cargo Loaded/Discharged：

序号 No.	项目 Items	金额 Amount（RMB）	单据编号 Vou No.	备注 Remarks
1	引水及移泊费 Pilotage & Shifting			
2	港务费 Harbor Dues			
3	拖轮费 Tugs Hire			
4	停泊费及系解缆费 Berthing/Mooring/Unmooring Fee			
5	开、关舱费 Opening/Closing Hatches			
6	维护费 Escorting Charges			
7	装卸区其他费用 Other Stevedore Charges			
8	理货费 Tally Fee			
9	吨税 Tonnage Dues			
10	卫生检疫费 Charges for Quarantine			
11	过驳费 Lighterage			
12	垃圾费 Cleaning/Dumping Vessel's Garbage			
13	杂费 Sundries			
14	船长借支 Advance to Captain			
15	医药费 Medical Expenses			
16	修理费 Repairing Fee			
17	围油栏费 Oil-Fence Fee			
18	服务费 Service Fee			
19	交通费 Taxi/Launch Hire			
20	代理费 Agency Fee			
21	船员遣返 Crew Repatriation			
22	船舶检验费 Marine Survey			
23	费用合计 Total Disbursements			
24	汇款 Remittance			
25	结欠我方 Balance in Our Favor			
If any inquires, please call BANK USD ACCT：（BANK：×× ）				制单 Made by

无论是长期代理还是航次代理，港口使费备用金的结算都应以"一船一结""一港一清"为原则，并且都应在船舶离港后及时（或在一定的限期内）做出航次结账单，随附所付费用的收据寄交委托方。不同的是，在航次代理情况下，港口使费备用金按航次结算，结算员在寄交航次结账单及随附的各项收费单据的同时，应将港口使费备用金的余额退还委托方或根据委托方的要求将余额结存；而在长期代理的情况下，港口使费备用金虽不必按航次结算，但在船舶离港后仍需及时将航次结账单及随附的各项收费单据寄交委托方，并按月向委托方抄送往来账目，核清账目。

二、航次结算准期统计

结算员应经常统计准期船舶艘数以及超期船舶艘数，确保较高的航次结算准期率。

（一）结算准期

从船舶开航之日起 30 日内或在委托方规定的日期内对外寄出账单，即为结算准期，所代理的该船舶即为结算准期船舶。需要注意的是，由于国内结算单位的原因或者因港口使费欠款而造成不能按期对外寄出账单并已告知委托方的，不视为航次结算超期船舶。

（二）航次结算准期率

航次结算准期率为结算准期船舶艘数与统计结算船舶总艘数之比，计算公式如下：
航次结算准期率 ＝（结算准期船舶艘数/统计结算船舶总艘数）×100%

三、港口使费结算流程

（一）敦促相关部门结算船舶发生费用

敦促港口装卸部门、船队、引航公司、供应部门、船检、商检、外轮服务公司、修理部门及海事、海关、边防检查站等检查机关在船舶离港后 10 日内向船舶代理公司结算船舶发生的费用。

微课：航次结算原则

（二）审核费用单据及发票

与航次结账单有关的原始费用单据很多，如海关吨税缴款书，港务费收据及签证单，海事签证费收据，引水费收据及引航签证单，作业区停泊费发票，移泊费收据及签证单，系解缆费发票，拖轮费发票及签证单，卫生检疫费收据及签证单，开关舱费收据及签证单，装卸费发票，杂项作业和待时费收据及签证单，装卸费及装卸指导员工时费发票及签证单，理货账单及签证单，垫料收费单及签证单，船长借支借据，调换船员住宿、餐费、汽车费、机票费收据，供应伙食费用清单及船长签证单，供应燃料、淡水费发票及签证单，修船费用收据及项目签证书，船检测油费收据及船方申请书，代理费收款单，船员医疗费收据及申请单，转运备件汽车费、服务费收据，交通费、复印费和各种邮电费收据及相应的文电原稿，其他杂项收据等。

在港口使费结算工作中，必须严格把关，避免出现漏付、错付、多付的情况，具体审核步骤如下。

1. 审核结算单位

对结算单位和结算人进行审核，必须核实前来结算的人员是否能够代表结算单位。

2. 审核船名、航次、抵离港时间

审核船名、航次、抵离港时间，要确定是不是船舶代理公司自己代理的船舶，避免出现错付的情况。

3. 审核结算项目

审核结算项目是不是合理的、正常的港口使费项目。如果是结算单位巧立名目的，应拒绝支付。如果无法确定其项目是否属于正常的，应要求结算单位出具相关的收费规定，否则拒绝支付。

审核结算项目是不是船舶在港期间实际发生的。如与船舶实际发生的不符，应向结算单位提出疑问，对解释不清的拒绝支付。例如，船舶是从国内港口来的，却发生了进境检疫费，除非有特殊规定，否则属于不合理收费，应拒绝支付。

4. 审核结算金额

审核结算金额是否超出港口使费预算，收费标准是否准确。对收费标准不清的和收费标准不对的，应拒绝支付。对于超出预算的，需严格审核超出部分是否合理，不合理则应拒绝支付。

5. 审核结算时间

结算单位必须在船舶离港后 30 日内结算。如果超过 30 日，可以拒绝支付。

6. 审核委托方的确认

对于超出预算项目的，在支付之前，必须取得委托方对此项费用的书面确认。例如，加淡水、压舱水消毒、购买海图等项目应有委托方的书面确认。

7. 审核港口使费备用金

审核备用金是否足够支付港口使费。如出现备用金不足的情况，应及时向委托方索汇差额备用金，或者在委托方收到账单后再补汇。

（三）缮制航次结账单

在船舶离港后 30 日内，缮制航次结账单。缮制航次结账单必须依据报价时与委托方的协议内容或预估的港口使费项目，逐项列明，对于委托方可能误会或不清楚的应附必要的说明。航次结账单结出后，将航次结账单的发生总额与实收港口使费备用金比较，查看是否欠款或需退款。

（四）整理、装订费用单据

船舶离港 15 日开始（或按委托方指示），按照航次结账单的项目顺序，整理船舶所有账单，检查各项费用单据是否齐全、计算是否准确、适用费率是否正确等。审核无误后，按要求对费用及发票粘贴（委托方不同意粘贴的可以不粘贴）、装订。对外结算单据，要求清晰、无误，应有中英文对照。如无英文详名，船舶代理公司应加译，以便委托方查核。

（五）寄送航次结账单及费收单据

把航次结账单及费收单据寄给委托方，航次结算期一般为 30 日，即船舶离港后 30 日内结账。采用快递或航空挂号方式寄送时，应登记在记录本上，记录内容应包括：快递单号或航空挂号码，日期，船名。航次结账单的邮费，有长期往来账户的，向委托方实报实销。

（六）催收欠款或退款

接到委托方提供的退款书面指示或往来对账单时，及时核对、即时答复。结算中要坚持"一船一结""一港一清"原则，结算后如果港口使费备用金有结余，余额按委托方要求退回或暂存委托方账户中。对航次结算后发生欠款或尚有以往欠款未清的，应及时向委托方催收欠款并跟踪欠款收妥情况，直至索汇欠款。若委托方提出使用以往余款，应及时予以核实，如发现委托方可能赖账，可采取其他措施进行维权。

在航次代理的情况下，如果船舶已离港，但还有船员因病、因伤留岸住院治疗，所有医疗费及病愈后的遣返费用，均需在遣返船员后方能结算。在这种情况下，应该先将该船港口费用部分制单结算，而港口使费备用金余款则可暂不退汇，留待遣返船员后再作最后结算退汇。

为了避免委托方借故拒付，所有随附于航次结账单的对外结算单据都要清晰无误、中英文对照，并且船舶费用单据应由船舶有关人员签署方为有效。原始单据是向委托方进行结算的主要依据，原则上在费用结清时才能对外寄送。

若港口使费欠款，原则上不得邮寄正本单据（有长期业务往来关系的应随时寄送）。

若委托方坚持收到账单后再付欠款，按书面通知寄送，但在邮寄之前将全部单据复印留底备查。

办理退款手续需外汇备用金，对外一律按外币记账，内部按收到日银行牌价计入人民币账户，对于航次结账，可选择付款期内对我有利的牌价。

1. 催收欠款函电示例

MV *V* RYTLX 23RD RE ESTD DISBTS. AS PER OUR TLX 19TH WE ASKED YOU REMIT USD65,300 AS ADV DISBTS EXCLDG CASH ADV N PROVISIONS/STORES. NOW YOU HV RMTTD USD50,000. PLS ADV WHEN YOU WL REMIT BAL USD15,300 TO US.

RGDS

译文：

V 轮。收到您 23 日有关港口使费备用金的电传。请参我 19 日电传要求您汇 65,300.00 美元，该金额不包括船长借支、伙食和物料供应款。现您已汇 50,000 美元，请告余额 15,300.00 美元何时汇我。

2. 退汇函电示例

M. V. *Q*—Voy. 3901 at Tianjin 20－29/4/2023

Dear Sirs,

Examination of your disbursement account for the subject vessel has now been completed and generally found in order. You are, therefore, requested to teleremit, without further delay, the balance of USD34,005.70 due to us.

Meantime, we strongly protest against your attitude to collect considerable amounts on account disbursements prior to vessels' arrival, which surpass the actual expenses by 75%, as in the present case.

You will also realize that such unacceptable incident put us in a very embarrassing position towards the owners, who already expressed their disappointment for this unpleasant incident.

No doubt you will take all the necessary steps so that, in future, you provide us with more accurate estimations in order to avoid repetition of the present case. Trusting that you will give your special attention to this matter.

译文：

"Q" 轮 3901 航次使费事

亲爱的先生：

"Q" 轮 2023 年 4 月 20 日至 29 日在天津港的使费账业已审核完毕，基本正确，因此请速将我们的余款 34,005.70 美元汇还。

同时我们强烈抗议您以备用金为由于船抵前收取巨额费用的做法。这次您要的金额比实际开支超出 75%。

您会认识到这件不能接受的事情使我们在船东面前十分难堪。船东已对这件不愉快之事表示失望。

无疑，您将会采取一切措施避免类似问题再度发生，以便今后报给我们的估计数字更为准确。深信您对此事将给予特别重视。

知识卡片

船舶港口使费账单常见错误与预防对策

一、船舶港口使费的收取

船舶港口使费账单一般是指船舶挂靠港口期间所发生的各种费用的原始单（收）据及相关附件，通常由费用总括和费用明细两个部分组成。其中，费用总括通常列明使费账单中所有费用名称及金额，以及全部费用的总额；费用明细则按照费用总括描述费用的顺序，依次提供相关费用的原始单（收）据及相关附件。船舶港口使费账单通常由船代负责收集、整理和编制。船舶所有人或船舶经营人通常委托船代支付船舶在港期间发生的各项费用，后者凭借船舶港口使费账单向前者结清费用。

船舶港口使费账单中的费用一般分为港口费用和货物费用。其中，港口费用通常包括港务费、船舶吨税、引航费、拖船费、系（解）缆费、停泊费、锚泊费、灯标费、代理费、交通费、通信费等。港口费用通常由不同单位或部门收取，以国内港口为列，港务费由海事部门收取，船舶吨税由海关收取，引航费由引航站收取，拖船费由拖船公司收取，系（解）缆费、停泊费由码头经营人收取，锚泊费由港务管理部门收取，代理费由船代公司收取，交通费、通信费则由服务提供商收取。货物费用一般包括理货费、装（卸）费、绑扎费、租用装卸设备（如岸吊、浮吊、叉车、铲车、吊货索具等）费、陆路转运费等。各种货物费用也由不同收费单位收取，以韩国港口为例，理货费通常由理货公司收取，装（卸）费、绑扎费通常由工会控制的装卸公司收取，租用装卸设备费通常由设备的业主收取，陆路转运费通常由物流公司收取。

对于同一种港口费用或货物费用，不同国家的港口甚至同一国家的不同港口的计费标准有所不同。通常被选用为港口费用计算依据的船舶参数有：容积总吨（GRT）、容积净吨（NRT）、载重吨（DWT）、体积（LOA×B×D）、船舶主机功率等。拖船费用的计算依据更是多样化：既有选择 GRT 或 NRT 的，也有选择 DWT 或船总长（LOA）

的，还有选择船舶面积（LOA×B）或体积（LOA×B×D）的，甚至还有将上述参数进行组合或按拖船功率和使用时间来计费的。装（卸）费计算依据通常有：工种和工时；装（卸）货物的数量，可以是吨或容积吨，也可以是长吨或短吨等；前两种的混合。

由于船舶港口使费牵涉面广，收费单位、计费依据复杂，因此缮制船舶港口使费账单时很容易发生错误。这些错误收费直接影响船舶经营人的经营成本和利润。

二、常见错误

1. 费率错误

（1）采用已失效的费率。

（2）采用不恰当的费率。例如，根据船舶类型的不同，苏伊士运河过河费费率分设不同类型。在船舶港口使费收取中，因搞错船舶类型而发生的计费错误不在少数。

2. 依据错误

（1）时间错误。例如，在特立尼达和多巴哥的 Point Lisas 港，对于 LOA > 130 m 的船舶而言，拖船费按 1500 USD/h 计收，如果计费时间弄错，将直接导致拖船费出错。

（2）次数错误。例如，国内外很多港口的垃圾费是计次收取的，如果清理垃圾服务次数计算有误，而船员在审签时又不注意，那么收取的垃圾费就会出错。

（3）船舶参数错误。作为计费依据的船舶参数可能是 1 个，也可能是多个。船代向收费方申报的船舶参数是否准确直接影响相关收费的准确性。

（4）计费吨错误。

①采用错误的计费吨。例如，韩国港口设备装货费的计费吨选用设备体积/1.13 与设备重量中的较大者，而韩国港口设备理货费的计费吨选用设备体积与设备重量中的较大者，将这两项费用弄错的情况较多。

②多计计费吨。例如，船舶在苏丹港卸下包含集装箱在内的件杂货时，集装箱卸货费通常由港方收取，而其他件杂货卸货费由船代请用的装卸公司收取。在实际操作中，装卸公司收取装卸费的计费吨中未扣除集装箱内装货物的计费吨的错误时有发生。

世界上很多港口某些费用的计费依据不止 1 个，如墨西哥 Veracruz 港的引航费计费依据有两个：GRT 和 D（型深、吃水）。只要其中 1 个出错，就会导致引航费计算错误。

3. 货币兑换率错误

很多国家的货币与美元之间的兑换率时刻在变化。船代如果选用不恰当的货币兑换率将直接导致船舶所有人或船舶经营人以美元支付的港口使费出现错误。如果船舶经营人能及时与船代商定、确认账单所采用的兑换率，就能有效防止此类错误的产生。

4. 附加税错误

对港口使费加收的附加税通常有增值税、服务税、商品交易税等。附加税错误通常表现为对征收范围外的费用征收附加税。

5. 收取不应由船舶所有人或船舶经营人支付的费用

例如，在装货条款为"Free In"的情况下，船代（或收费方通过船代）向船舶所有人或船舶经营人收取装货费。

6. 虚报或虚构费用

某港钢材装货费为 5 USD/t，但船代按 6 USD/t 向船舶所有人或船舶经营人收取装货费，这是虚报费用。船舶离港时只用 1 艘拖船，但在船舶使费账单中按两艘拖船向船舶所有人或船舶经营人收费，这就是虚构费用。

7. 重复报账

重复报账是指船代（或收费方通过船代）将船舶在港发生费用向船舶所有人或船舶经营人报账后，再次甚至多次将同样费用向船舶所有人或船舶经营人报账。船代的使费账单管理工作混乱是产生这类错误的主要原因。

三、预防对策

1. 重视和加强对船代的选用和管理

从上述对船舶港口使费账单常见错误的分析中可以看出，各种常见错误的产生都直接或间接与船代有关。船代是船舶所有人或船舶经营人与港口各收费方沟通的桥梁。船代的责任心和内部管理水平直接影响船舶使费账单的准确性。因此，船舶所有人或船舶经营人必须重视和加强对船代的选用和管理。建议船舶所有人或船舶经营人在选用船代时考虑以下原则。

（1）优先选用港口所在地的船代。相对于其他代理而言，港口所在地的船代更容易在现场直接跟踪船舶在港的各种信息并及时向各收费方传递、核对各种收费依据，能更有效地防止收费方的收费错误。

（2）直接委托目标代理作为船代。委托船代的层次越多，船舶资料被转发的次数就越多，船舶使费账单出错的可能性也越大。

（3）择优选用船代。通常责任心强、内部管理完善的船代编制的船舶使费账单较少出错。

2. 提供正确的船舶资料

船舶所有人或船舶经营人应将正确无误的船舶资料提供给船代，这是船代能够向其他收费方提供正确船舶资料的前提，而船代提供正确的船舶资料是收费方正确收费的前提。

3. 熟悉各港最新使费费率及相关规定

世界上很多港口的使费费率变动频繁。使费费率变动通常有两种形式。一是费率调整。例如，苏伊士运河过河费费率几乎每年调整 1 次。二是费目增减。例如，自 2009 年 1 月 1 日零时起，我国港口停止征收航道养护费；又如，"9·11"事件之后，世界上很多港口加强港口保安工作，并增收保安费。船舶所有人或船舶经营人熟悉港口最新费率及相关规定，便于及时审核并纠正船代在港口使费预估中的错误。

4. 要求船员严格审签相关单据

船员在船舶生产现场承担审签来自船代和各收费方的单据的责任。船舶所有人或船舶经营人应要求船员严格审签各种送签的单据。

5. 与船代商定船舶账单采用的兑换率

为避免船代利用兑换率波动谋利，船舶所有人或船舶经营人应与船代商定船舶使费账单的基准兑换率。目前较常见的做法是：船代采用收到船舶所有人或船舶经营人的港口使费备用金汇款当天的兑换率作为船舶使费账单的基准兑换率。

6. 只接受附有原始单据的费用

一般而言，每项收费通常只有 1 份原始发票或单据。船舶所有人或船舶经营人应要求船代收集相关费用的原始发票或单据制作船舶使费账单，拒付采用复印件单据的费用。这是避免重复报账的重要对策。

任务二　运费结算

任务导入

委托方有时会要求船舶代理公司的结算员代收、代付运费。假设您是船舶代理公司的结算员，应如何办理进口到付运费的代收和出口预付运费的代付，并向委托方报告代收、代付运费情况呢？

任务分析

要完成上述工作任务，结算员需要熟悉班轮运费和航次租船运费计费知识，能够代为计算、收取进口到付运费和出口预付运费，并通过函电积极与委托方沟通。

任务实施

一、班轮运价的构成

班轮运价由基本费率和附加费两部分组成。

基本费率（Basic Rate）是指每一计费单位（如每吨或每立方米）货物收取的基本运费。

附加费（Surcharges）指为保持在一定时期内基本费率的稳定，又能正确反映出各港的各种货物的航运成本，班轮公司在基本费率之外规定的各种费用。

二、运价表

运价表又称运价本。运价表根据制定人的不同，可分为班轮公会运价表、班轮公司自定运价表、双边运价表、货方运价表、协议运价表等。运价表根据结构的不同，可分为等级运价表和单项费率运价表、航线运价。

在实际业务中，等级运价表使用最多。运价表的前部列有常用商品等级表（中英文对照），不同商品有不同等级，每一等级有一基本费率，一般分为二十个等级。在等级表后列有各航线的杂货与集装箱货的费率（等级费率和包箱费率），同时附有计收标准以及各种附加费的收取。

三、班轮运费的计收标准

班轮运费由基本运费和附加费构成，根据货物的重量、体积和价值主要分为三种计算方法。班轮公司在收取运费时通常选择运费最高的一种方式收费。通常的收取方法有下面几种。

（1）按货物毛重计算运费，用"W"表示，以重量吨为计费单位。

（2）按货物体积计算运费，用"M"表示，以体积吨为计费单位。

（3）按运费吨（重量吨或体积吨）计算运费，用"W/M"表示，并选择其中较高者作为计费单位。

（4）按货物的价格计算运费，用"Ad. Val."表示。一般按FOB价格的一定百分比收取运费，即采取从价计费。

（5）按从价运费或毛重或体积计算运费，并选择其中运费高者作为计费的标准。用"Ad. Val. or W/M"表示。

（6）按重量吨或体积吨中收费较高者作为计费单位，再另行加收一定百分比从价运费，用"W/M plus A. V."表示。

（7）按货物的件数计收（Per Unit/Per Head）。如卡车按辆、活动物按头计费。

（8）按议价（Open Rate）计收。临时商定运价，如粮食、矿石、煤炭等大宗货物。

（9）按起码运费（Mini Rate）计收。不足1运费吨的货物均按一级货收取运费，称之为起码运费。

四、附加费

班轮公司除收取基本运费外，还征收附加费，以弥补基本运费的不足。常见的附加费有以下几种。

（1）燃油附加费（Bunker Adjustment Factor，BAF），即在燃油价格上涨时，班轮公司按基本运费的一定百分比加收的费用。

（2）超长附加费（Long Length Additional）。一件货物的长度超过运价表规定的长度（件杂货超过9米），即为超长货，需要加收附加费。

（3）转船附加费（Transshipment Additional）。货物转船时，班轮公司需要在转船港口办理换装和转船手续，因此而增加的费用，称为转船附加费。

（4）超重附加费（Heavy Lift Additional）。一件货物毛重超过运价表规定的重量（国内货物超过5吨），即为超重货，需要加收附加费。

超重附加费是按重量计收的，超重重量越大，收取的费用越高。如果超重货物需要转船，每转一次，加收一次超重附加费。若单件的货物超重又超长，则对两者进行分别计费，然后按最高的收费标准收取附加费。

（5）直航附加费（Direct Additional）。运往非基本港的货物达到一定数量时，班轮公司可安排直航，因此而收取的费用，称为直航附加费。直航附加费一般比转船附加费低。

（6）港口附加费（Port Additional）。对有些设备条件差或装卸效率低的港口，班轮公司为了弥补船舶靠港时间长造成的损失收取的费用，称为港口附加费。一般按基本运费的一定百分比计收。

（7）港口拥挤附加费（Port Congestion Surcharge）。由于有些港口压港压船，导致船舶停泊时间较长，班轮公司因此而收取的费用，称为港口拥挤附加费。

（8）选港附加费（Optional Surcharge）。对于直到货物装船时仍不能确定最后卸货港，要求待船舶开航后在预先指定的两个或两个以上的卸货港中最终选择卸货港的情况，需要在积载方面给予特殊的安排，甚至有时需要翻船（指倒舱翻找货物），这要增加一定的手续和费用。根据这样的原因而追加的费用，称为选港附加费。

（9）绕航附加费（Deviation Surcharge）。正常航道不能通行，需绕道才能到达目的港时，班轮公司便要加收此费用。绕航附加费一般为临时性附加费。

（10）货币贬值附加费（Currency Adjustment Factor，CAF）。当运价表中规定的货币贬值时，承运人的实际收入会减少，为了弥补货币在汇兑过程中的损失，班轮公司便按基本运费加收一定百分比的方式收取货币贬值附加费。

（11）洗舱附加费（Cozening Fee）。因货物污染船舶，需要对货舱进行清洗，承运人为此而加收的费用称为洗舱附加费。该费用一般根据污染程度和清洗难度来定。

（12）旺季附加费（Peak Season Surcharge）。旺季附加费往往出现在集装箱运输中，是班轮公司根据市场供求状态征收的附加费。

（13）超额责任附加费（Additional for Excess of Liability）。超额责任附加费是托运人要求承运人承担超过提单上规定的赔偿额度时，承运人对托运人增收的附加费，一般按照 FOB 价格的一定百分比征收。

（14）变更卸货港附加费（Alteration of Discharging Port Additional）。变更卸货港附加费指因货物在装船后需要变更卸货港而增加的费用。变更卸货港的运费超过原卸货港运费时，提出变更的要求方补交运费差额。反之，不给予退还。

五、杂货班轮运费的计算

1. 计算公式

（1）运费总额 = 基本运费 + 附加费，即：

$$F = F_b + \sum S$$

（2）基本运费 = 基本运价 × 计费吨，即：

$$F_b = f \times Q$$

（3）从价运费计算中货物价格换算

从价运费是按货物的 FOB 价格的百分比计算的。按一般惯例，CFR 价格是 CIF 价格的 99%，它们的换算关系如下：

$$P_{\text{CFR}} = P_{\text{FOB}} + FR = P_{\text{FOB}} + （\text{Ad. Val.}）\times P_{\text{FOB}} = （1 + \text{Ad. Val.}）\times P_{\text{FOB}}$$

2. 计算步骤

（1）查货物分级表。先根据货物的英文名称在货物分级表中查出该货物的等级和计费标准。货物分级表是班轮运价表的组成部分，包括"货名""计费标准""等级"三项。班轮货物分级表（节选）如表 5-2 所示。

表5－2　　　　　　　　　　班轮货物分级表（节选）
CLASSIFICATION OF COMMODITIES GENERAL CARGO（PARTS）

COMMODITY	BASIS	CLASS
Fishing Implements	M	9
Fish Shrimps，Dried Brined	W/M	13
Flint	W	3
Flour	W	5
Fluorspar	W/M	4
Wear，N. O. E.	M	11
Fruits，Dried	W/M	11
Fruits Fresh	M	7
Fruit Juice	W/M	8

（2）查航线费率表。根据货物等级和计费标准，在航线费率表中查出这一货物的基本运费率。班轮航线费率表（中国－加拿大）（节选）如表5－3所示。

表5－3　　　　　　　　班轮航线费率表（中国－加拿大）（节选）

SCALE OF CLASS RATES FOR CHINA – CANADA SERVICE

in H. K. Dollars

Class	West Canada	East Canada	
	Vancouver	Halifax	Montreal Quebec
1	150. 00	177. 00	193. 00
2	159. 00	185. 00	202. 00
3	167. 00	193. 00	211. 00
4	175. 00	201. 00	220. 00
5	183. 00	215. 00	235. 00
6	194. 00	231. 00	252. 00
7	205. 00	248. 00	270. 00
8	219. 00	264. 00	288. 00
9	235. 00	283. 00	309. 00
10	257. 00	305. 00	333. 00
11	285. 00	337. 00	368. 00
12	317. 00	373. 00	407. 00
13	350. 00	414. 00	451. 00

续 表

Class	West Canada	East Canada	
	Vancouver	Halifax	Montreal Quebec
14	383.00	454.00	496.00
15	416.00	495.00	540.00
16	449.00	536.00	585.00
17	492.00	591.00	644.00
18	547.00	645.00	704.00
19	629.00	735.00	802.00
20	711.0	844.00	920.00
Ad. val	4%	4%	4%

（3）查附加费率表。查出该货物所经航线和港口的有关附加费率。

（4）该货物的基本费率和附加费率之和即为该货物每一计费吨的单位运价。以该商品的计费重量和体积乘以单位运价即得运费总额。

六、集装箱班轮运费计收

1. 拼箱货

与传统杂货班轮的计费方式相同，按货物的重量或体积计收运费。

2. 整箱货

通常以集装箱为单位计收运费，主要包括以下三种包箱费率。

（1）FAK 包箱费率（Freight for All Kinds）。FAK 包箱费率也称均一包箱费率，指不细分集装箱内货类、货量，只按货物类型（普通货、一般化工品、半危险品、全危险品、冷藏货）制定不同规格（20 英尺/40 英尺）集装箱的费率。因此，在 FAK 包箱费率下，只需判别集装箱内的货物属于何种类型，就可查到这个集装箱的运费。

（2）FCS 包箱费率（Freight for Class）。FCS 包箱费率与 FAK 包箱费率的区别在于，它是对普通货物按不同货物等级制定的相应的包箱费率，一般同杂货运输一样，分为 1～20 级。但是集装箱货物的费率差级要远小于杂货费率级差。一般来看，低级的集装箱收费高于传统运输，高价货集装箱收费低于传统运输；同一等级的货物，重货集装箱运价高于体积货运价。在 FCS 下，首先根据货名查到等级，然后按等级和集装箱规格查到每只集装箱相应的运费。

（3）FCB 包箱费率（Freight for Class and Basis）。与 FCS 包箱费率不同的是，FCB 包箱费率既按不同货物等级或货类，又按计算标准制订出不同的费率。因此，同一级费率因计算标准不同，费率也不同。

七、航次租船运费计收

在航次租船时，承租人和出租人对运费率、计费标准和运费的支付方式等都需要进行洽谈并在合同中订明。

（一）航次租船运费计费方法

租船租金率或运费率的高低主要取决于租船市场的供求关系，但也与运输距离、货物种类、装卸率、港口使用、装卸费用划分和佣金的高低有关。航次租船合同中规定运费率的方法主要有以下两种。

1. 按货物每单位重量或体积若干金额计算

运费率按货物每单位重量或体积若干金额计算时，运费等于船舶（或某舱）的承载能力乘以合同所定的运费率。当货物的积载因数大于舱容系数时，船舶装载的最多货量等于货舱总容积除以货物平均积载因数（此时满舱不满载）；当货物的积载因数小于舱容系数时，船舶装载的最多货量等于货物重量。按船舶装载能力计算运费的方法，是托运人根据船长宣载确定的货物数量支付运费，即使实际装船的数量少于宣载的承载能力，即所谓出现短装（或称亏舱）时，托运人仍需悉数支付全部运费，船长不会退还因短装所造成的"亏舱费"。但是，有些情况下，亏舱费也可以按协商或规定仅由托运人负担其中的一部分。

2. 整船包价

整船包价（Lump-sum Freight），又称包干运费，即合同中不规定运费率，仅规定整船运费，不论实际装货数量多少，租船人都得按包价照付。当采用这种方式计算运费时，通常要求船东在合同中对船舶载货重量和载货容积做出保证，如果船舶的实际载货重量和载货容积少于船东保证的数量，则租船人有权按照比例扣减运费。

（二）航次租船运费计费标准

当按运费率计算运费时，在合同中应确定计算运费的标准。特别是在以重量为标准时，既可约定为装货数量（Intaken Quantity），也可为卸货数量（Delivery Quantity）。装货数量是指由发货人在装货港提供并记入提单，经船长核定后签字的数量，即提单货量，通常租船合同规定的载货量多为提单货量。卸货数量是收货人在卸货港对货物称重后确定的数量。由于这种计量方式由收货人或承租人负担称重费用，因此，租船合同一般规定承租方按卸货数量计付运费。"金康"合同定为"按货物的卸货数量"（on the Delivery Quantity of Cargo）计算运费。

（三）航次租船运费计收的时间

按照支付运费的时间，航次租船运费可分为预付运费（Prepaid Freight；Freight in Advance）和到付运费（Freight to Collect）。

1. 预付运费

预付运费是指在签发提单前或签发时即需支付运费。在预付运费的情况下，如果约定按货物每单位重量或体积若干金额的方式计算运费，则按照装船时的货物重量或体积计算。托运人申报并记载于提单上的重量或体积是计算运费的基础，如果在装船之前由具有一定资格的检量员对装船的货物进行衡量或丈量，在日后发现运费计算错误还可以追补差额。

从法理上讲，运费的支付应以到付为原则。但是，在运输实务中普遍采用预付运费的方法。其主要原因是，国际贸易采用 CIF 或 CFR 价格成交时，卖方在装货港和在承运人签发提单时支付运费。对于运输舱面货、冷藏货、散装货、散装胶浆、活牲畜、鲜货、行李、家具以及易腐物品等货物，通常规定必须预付运费。

预付运费的时间通常可以是：

（1）装货完毕时（on Completion of Loading）；

（2）签发提单时（on Signing of B/L）；

（3）装货完毕后若干天后（in Certain Days After Shipment）。

运费支付时间一般指的是船东收到运费的日期，而不是承租人付出的日期。预付运费有全部预付和部分预付。预付运费的方法对船舶所有人有利，特别是在合同中具有"不论船货是否灭失，运费概不退还"（Freight to be discount less and non-returnable, ship and/or cargo lost or not lost）条款的情况下。但对承租人来说，预付运费却有一定的风险和利息损失。

2. 到付运费

到付运费是指承运人将货物运至合同规定或承租人选择的卸货港，才能收取该货物的运费。到付运费，一般有三种情况：

（1）船舶到达卸货港时支付（Payable on Arrival to Destination）；

（2）卸货完毕时支付（Payable on Completion of Discharging）；

（3）交付货物后支付（Payable After Delivery of Cargo）。

在到付运费的情况下，如果在运输途中货物灭失或因海损事故在中途卸下货物，除非由承运人安排将货物继续运抵目的港，否则，承运人就丧失了取得该项运费的权利。如果在运输途中，部分货物发生灭失，则运费按比例扣除。可见，到付运费对承运人不利，运费的风险始终由承运人承担。

在有些情况下，为了支付一些经常的费用，如港口费、燃料费、船员给养费用等，可以要求承租人预付一部分费用，但这部分费用究竟应该算作承租人预付运费还是承租人对出租人的贷款，尚有争议。"金康"合同中以"2%补偿保险费和其他费用"来暗示所收到的是运费。在到付运费情况下，若货物有损坏，通常还是要支付运费的，属于承运人责任所造成的，收货人可以索赔。

此外，在航次租船中，除要订明以上内容外，还要订明支付的币种以及收益人和银行账户等。

八、运费结算函电

（一）出口运费结算函电

1. 来电示例

RE MV *B* FREIGHT ACCOUNT FOR VOY85E – 31 RCVD BUT F/ACCOUNT FOR VOY87E AMT USD4,338.72 UNRCVD YET, PLS CONFIRM WHN SENDING US RGDS.

译文：

收到"B"轮第85E – 31航次运费账，但87E航次运费总数4,338.72美元的运费账未收到，请证实何时寄给我。

2. 复电示例

RYTLX 28TH SEPT FRT ACCT FOR MV *B* V.87E WAS SENT TO YOU IN EARLY OCTOBER FOR YOUR CONVENIENCE, WE SENT TWO COPIES OF SAME TO YOU ONCE AGAIN, PLS NOTE RGDS.

译文：

参阅贵方9月28日的电传，"B"轮第87E航次的运费账我已于10月初寄给您，为您方便，我再次给您寄2份，此复。

3. 来函示例

Dear Sirs,

Subject：Remittance

In reference to the attached photocopies, we received payment against M. V. *Q* in the amount of USD246,700. 30. Please advise us the breakdown for this payment, as we are unable to identify the particular shipments involved, by vessel, bills of lading numbers, etc. in order that we may distribute the money to our records properly. Your assistance will be appreciated.

Best regards.

译文：

关于汇款事宜

请参阅随函附上的影印本，我们收到付"Q"轮的款项，共计 246,700.30 美元。因我们无法分清系何提单号项下的运费，故请列告该款细目，以便我们正确地分开入账。请惠予协助。谢谢！

4. 复函示例

Dear Sirs,

M. V. *Q* Sailed from Qinhuangdao May 30,2023 Remittance USD246,700.30.

With reference to your letter Ref. 837 – 65 of November 26,2023,we advise as follows：

Freight on Bs/L Nos BC1—100	USD213,647.15
Less booking charge,etc.	USD12,756.41
	USD226,403.56
Less Bank's remittance fee	USD20,296.74
Amount actually remitted to you	USD246,700.30

Enclosed herewith please find photocopy of freight account 68/73—258 for your reference.

Please note that two copies of said account were sent to Lykes Hong Kong,China.

Best regards.

译文：

关于汇款事宜

参阅您 2023 年 11 月 26 日第 837 – 65 号函，关于 246,700.30 美元款项，经查，系"Q"轮 2023 年 5 月 30 日从秦皇岛开航之提单 BC1 – 100 项下货载运费共计美元 213,647.15，经扣除订舱佣金等费用 12,756.41 美元，余下 226,403.56 美元，经由上海中国银行汇出，该行扣除手续费 20,296.74 美元，实汇金额为 246,700.30 美元。

兹随函附寄 68/73 – 258 号运费账单，供参阅。

此账单一式两份是寄给中国香港"莱克斯"办事处的。

（二）进口运费结算函电

1. 来电示例

ROTLX MSG NO. 919102 DD 22/12/2023

RE MV *D* V. 852 WB SLD INCHON DECEMBER. 23. 2023 CIF SHIPMENT B/L NO. 2303 – 260.

SHIPPER：TDK CO. ，LTD. ，INCHON, KOREA

FRT AMOUNT：USD891. 54

AS MENTIONED IN OUR A/M TLX，FREIGHT OF THIS SHIPMENT SHOULD BE TO COLLECT AT QINGDAO. PLS CFM IF YOU RECEIVED FRT AT YR END AND REMIT TO US ASAP. ANYWAY PLS ADV BY RETURN.

译文：

参我 2023 年 12 月 22 日第 919102 号电传关于 D 轮 852 西行航次 2023 年 12 月 23 日离仁川，离岸价货，提单号：2303 – 260。

发货人：韩国仁川 TDK 公司。

运费总额：891. 54 美元。

我在上述电传已告您运费应在青岛收，请证实您是否收到运费并尽快汇我。但不管收到与否均请复电。

2. 复电示例

RE MV *D* V. 852 B/L 2303 – 260，PLS BE ADVD TT FRT AMOUNT USD891. 54，DEDUCTED BOOKING CHARGE USD7. 85 N REMITTANCE HANDLING CHARGE USD31. 23，LEAVING BALANCE USD852. 46 WHICH WE REMITTED THROUGH BANK OF CHINA QINGDAO BRANCH ON 12/3/2023 BY T/T TO INCHON REF. 2023A835619. PLS CNFM ABV IN ORDER BRGDS.

译文：

D 轮 852 航次提单 2303 – 260 号，运费总额 891. 54 美元，扣除订舱手续费 7. 85 美元和汇款手续费 31. 23 美元，余 852. 46 美元已于 2023 年 3 月 12 日由中国银行青岛分行汇往仁川，电汇号：2023A835619，此告。请证实上述正确无误。

3. 来函示例

Dear Sirs，

M. V. *K*—Discharging Calcium Gluconate 1235 Tons at Tianjin on 23/11/2023

Please be advised that on the next day of vessel's arrival，the master of the above vessel submitted an application to Tianjin Commodity Inspection Bureau for inward cargo survey. Now the Tianjin Commodity Inspection Bureau has sent us a bill in the sum of RMB530.00. As you have no credit balance in your account with us, we enclose herewith the bill and ask you to effect remittance of said amount to us for settlement.

Yours truly,

译文：

为"K"轮检验费事

贵司 K 轮 2023 年 11 月 23 日抵天津卸尿素 1235 吨，船长于船抵港翌日即向天津商品检验局申请进口货物检验。现天津商品检验局给我们送来检验费人民币 530 元的账单。因贵公司在我处已无余款，随函将账单寄上，请将该款汇还我司以清账。

德润匠心

数智赋能——上港物流运输分公司实现数字人民币账户收支新方式

为推进航运贸易数字化数字人民币试点应用工作，结合港航企业实际情况，聚焦港口结算、物流服务等领域搭建数字人民币港航供应链特色支付场景，积极推动数字人民币在港航领域应用场景落地。作为集卡物流业务结算试点单位，上港物流运输分公司全力支持集团开展数字人民币支付试点工作。

数字人民币是国家的法定货币，由国家信用担保，更加具有法律保障，且更具普惠性，也有利于打破支付垄断。为尽快完成数字人民币账户开通，招商银行上海分行提供上门收集开立账户材料的服务。另外，运输分公司财务计划部与综合事务部及时做好跨部门沟通，力求将开立账户必需的内部流程时间压缩到最低。

上港物流运输分公司在数字人民币开户后，与尚东码头成功完成了第一笔集卡运费业务的结算。随着后续试点的深入，预计数字人民币将在更多物流运输业务中得到推广和运用。

知识卡片

常用附加费缩写

BAF：燃油附加费，大多数航线有，但标准不一。

SPS：上海港口附加费（适用于船挂上港九区、十区）。

ORC：本地出口附加费，和 SPS 类似，一般在华南地区使用。

FAF：燃油价调整附加费（适用于日本线、波斯湾、红海、南美）。

YAS：日元升值附加费（日本航线专用）。

GRI：综合费率上涨附加费，通常用于南美航线和美国航线。

DDC、IAC：直航附加费，主要用于美加航线。

IFA：临时燃油附加费，某些航线临时使用。

PTF：巴拿马运河附加费，用于美国航线、中南美航线。

EBS、EBA：部分航线燃油附加费的表示方式，EBS 一般用于日本和澳洲航线，EBA 一般用于非洲航线和中南美航线。

PCS：港口拥挤费，通常用于以色列、印度某些港口及中南美航线。

PSS：旺季附加费，大多数航线在运输旺季时可能临时使用。

CAF：货币贬值附加费，通常为海运费的 5.4%。CAF 也适用于直达运费或含附加费运费。

GRR：YM Line（阳明公司）于旺季收的费用。

RR：费率恢复，也是班轮公司涨价的手段之一，类似 GRR。

DDC：目的港交货费用（Destination Delivery Charge）。

ACC：加拿大安全附加费。

SCS：苏伊士运河附加费（Suez Canal Surcharge）。

THC：码头操作（吊柜）费（Terminal Handling Charge）。

TAR：战争附加费（Temporary Additional Risks），本义为"临时附加费风险"，实指战争附加费。

CUC：底盘费，可指车船直接换装时的吊装吊卸费。

ARB：中转费。

ACC：走廊附加费。从 LBH（Long Beach）、LAX（Los Angeles）中转至加州（California）、亚利桑那州（Arizona）、内华达州（Nevada）的费收。

AMS：自动舱单系统录入费（Automatic Manifest System），用于美加航线。

IAP：印尼港附加费（Indonesia Additional Premium Surcharges）。

拓展练习

一、单项选择题

1. 从船舶开航之日起（　　）日内或在委托方规定的日期内对外寄出账单，即为结算准期，所代理的该船舶即为结算准期船舶。

A. 10　　　　　　B. 20　　　　　　C. 30　　　　　　D. 40

参考答案

2. 按货物的毛重计算运费，用（　　　）表示，以重量吨为计费单位。

A. "W"　　　　　　B. "M"　　　　　　C. "W/M"　　　　　　D. Ad. Val.

3. （　　　）是指不细分集装箱内货类、货量，只按集装箱类型（普通货、一般化工品、半危险品、全危险品、冷藏货）制定不同规格（20英尺/40英尺）集装箱的费率。

A. FAK 包箱费率　　　　　　　　　B. FCS 包箱费率

C. FCB 包箱费率　　　　　　　　　D. FOB 包箱费率

4. 预付运费的时间不能是（　　　）。

A. 装货完毕时　　　　　　　　　　B. 签发提单时

C. 装货完毕后若干天后　　　　　　D. 船舶到达卸货港时

5. 班轮运费由基本运费和（　　　）构成。

A. 系缆费　　　　　B. 附加费　　　　　C. 停泊费　　　　　D. 引航费

二、简答题

1. 请简述港口使费结算工作流程。

2. 请简述什么是航次结账单。

3. 在"一船一结"和"一港一清"两种情况下制作的航次结账单，在操作层面上有何不同？

4. 航次结算审核有时间限制吗？如果有，是多长时间？

三、实训项目

假如您是 Tianjin Red Star Shipping Agency Co., Ltd. 的结算员，请根据实训素材进行如下操作。

（1）计算"PEACE"轮在天津新港实际发生的各项港口费用明细。

（2）根据本航次港口使费备用金估算单和实际费用发生情况制作航次结账单。

（一）实训要点

实训任务	航次结账单缮制
实训目标	使学生能够缮制航次结账单
实训时间	80 分钟（建议）
实训地点	教室或实训机房（建议）
实训素材	港口使费备用金索取函、确认函以及业务案例
实训要求	根据任务背景缮制 1 份航次结账单

实训步骤	（1）阅读备用金索取函、确认函和业务案例； （2）独立制作 1 份航次结账单； （3）将航次结账单的发生总额与实收备用金进行比较，撰写欠款催缴或退款函电
评价方式	学生互评，教师点评

（二）实训素材

"PEACE" 轮于 2022 年 3 月 21 日抵达新港，离港日期是 2022 年 3 月 25 日。锚地停泊时间为 2 天，泊位停泊时间为 2 天。船舶抵港前，船东已预付 Tianjin Red Star Shipping Agency Co., Ltd. 港口使费备用金 12500 美元（汇率：6.37），本航次港口使费备用金估算单见表 5-4。

表 5-4　　　　　　　　　ESTIMATED PORT DISBURSEMENT

VSL NAME		PEACE	
DATE		MAR, 12TH, 2022	
SHIP'S NRT		6670 T	
NATIONALITY		TURKEY	
CARGO'S TYPE & QUANTITY		IRON ORE IN BULK, 17000 MT	
EXCHANGE RATE		6.37	
ITEMS	USD	CNY	CALCULATION
PILOTAGE	1366.46	8704.35	NRT × RATE 0.45 × 2 TIMES × 145%
TONNAGE DUES	3036.58	19343	30 DAYS（RATE：2.9）
ANCHORAGE FEE	157.06	1000.5	NRT × Rate 0.05 × 3 Days
BERTHAGE FEE	523.55	3335	NRT × Rate 0.25 × 2 Days
TUGS FEE	2323.39	14800	IN LUMPSUM AGAINST AGENCY PROFORMA INVOICE
CHARGES FOR QUARANTINE	392.46	2500	FINAL CHARGE AGAINST ORIGINAL INVOICE
GARBAGE COLLECTION FEE	235.48	1500	IN LUMPSUM
TRAFFIC & COMMS FEE	313.97	2000	IN LUMPSUM
SLUGE DISPOSAL FEE	313.97	2000	IN LUMPSUM
SUNDRIES	392.46	2500	IN LUMPSUM
AGENCY FEE	3296.70	21000	IN LUMPSUM
TOTAL DISBMTS	12352.10	78682.85	

Tianjin Red Star Shipping Agency Co., Ltd. 核对收费单据后发现，实际发生费用与港口使费备用金估算单相比有以下差额：

（1）检疫费增加 700 元；

（2）杂费增加 500 元；

（3）增加船长借支 20000 元；

（4）引航费减少 1000 元。

其他费用无差额。请根据本航次港口使费备用金估算单制作航次结账单（见表 5-5）。

表 5-5　　　　　　　　　　　　航次结账单

TRIP ACCOUNT SHEET

Entrusting party：VICTORY SHIPPING COMPANY

NRT：6670 T　　　　　　　　　　　　　　　　Vessel：*Peace*

Date of arrival：21st，Mar. 2022　　　　　　Date of departure：25th，Mar. 2022

Port：Xingang，China

NO.	ITEMS	AMOUNT（CNY）	VOU NO.	RAMARKS
1	PILOTAGE			
2	TONNAGE DUES			
3	ANCHORAGE FEE			
4	BERTHAGE FEE			
5	TUGS FEE			
6	CHARGES FOR QUARANTINE			
7	GARBAGE COLLECTION FEE			
8	TRAFFIC&COMMS FEE			
9	SLUGE DISPOSAL FEE			
10	SUNDRIES			
11	AGENCY FEE			
12	ADVANCE TO CAPTAIN			
13	TOTAL DISBURSEMENTS			
14	REMITTANCE			
15	BALANCE IN OUR FAVOR			USD

教学目标

知识目标

掌握集装箱进出口操作流程；掌握集装箱进出口单证缮制与审核；熟悉集装箱箱务管理的各业务流程。

技能目标

能够完成集装箱的进出口操作；能够完成集装箱进出口单证的审核；能够完成进出口放箱、验箱、调箱等箱务管理工作。

思政目标

感知国际船舶代理工作所需的一丝不苟、严谨细致的精神，培养协作意识，提高法治素养。

知识要点结构图

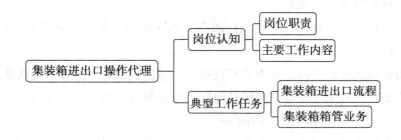

岗位认知

一、箱管业务员岗位职责

（1）依据公司关于代理工作手册和公司箱管部对集装箱管理的规定和要求，对港口口岸的本公司的集装箱进行跟踪、管理、发放、交接、起租、退租、中转、调运、堆存、检验、修理、清洗，以及对集装箱动态信息进行收集、整理、输入、传送；

（2）维护公司利益，加快集装箱周转，提高集装箱利用率，降低运输成本；

（3）对港口口岸的堆场、修箱公司、用箱人实施有效管理，保证客户财产安全，确保公司集装箱管理工作正常运行；

（4）及时向公司箱管部报告港口口岸存在的问题，并提出建议和解决办法；

（5）在公司箱管部的授权范围内代表船公司完成其他工作。

二、箱管业务员主要工作内容

（一）设备交接单的发放

微课：集装箱
设备交接单

1. 进口设备交接单（EIR）的发放

（1）凭提货单中的拖车联和拖车公司的提箱申请书到箱管财务处办理进口集装箱超期使用费/卸箱费等费用的押款手续。

（2）押款后，凭押款凭证及拖车联领取进口设备交接单，并核对其内容是否正确。

（3）柜子拆空后，应及时将空箱返回指定的回箱地点。

（4）空箱返回指定堆场后客户凭押款凭证到箱管部办理集装箱费用的结算手续。

2. 出口设备交接单的发放

（1）客户在出口排载订舱后，凭托运单第五联并加盖拖车业务章到箱管处领取出口设备交接单。

（2）船公司要求凭放箱确认书方可放箱的，需提供船公司的放箱确认书。

（3）请认真审查出口设备交接单的内容，如提单号、箱主、营运人、港口、箱型、箱量、提箱地点以及REMARK上的内容。

（4）客户因故需要更改船名、航次、提单号、箱主、提箱地点等内容须及时到箱管处办理相应更改。

（二）集装箱箱务管理

1. 集装箱箱体管理

安排集装箱箱体的检验、维修、清洗等工作。

2. 进口箱管理

（1）根据船公司转来的集装箱进口舱单，将箱管所需数据录入系统，包括船名、航次、提单号、箱号、箱型、空/重状态和进口卸船日期。

（2）依据理箱报告，对有破损的箱体做好记录并通知箱主安排修理或调出。

（3）计算机的操作及使用按公司的有关规定执行。

3. 出口箱管理

船舶离港后根据船公司转来的集装箱出口舱单，将箱管所需数据录入系统，包括船名、航次、提单号、箱号、箱型、空/重状态、目的港和出口开船日期。

4. 集装箱陆上动态跟踪

（1）每天以打电话的方式或不定期到堆场的方式查询集装箱动态，并将之录入计算机。

（2）填制"集装箱管理台账"，依此掌握船公司在港场站的空箱、重箱及特种箱的箱量。

（3）空箱放箱：凭用箱人提供的船名、航次、提单号、箱型、箱量、目的港等信息放箱。重箱放箱：凭正本提单放箱。

5. 空箱调运

（1）将需调出的箱号、箱型通知船公司，安排调出。

（2）空箱调入，用箱人或箱主自行安排。

6. 超期箱查询

根据盘存表记录，查询场站存箱情况。如果是重箱，则联系收货人尽快拆箱；如果是空箱，则尽快安排出口用箱。

7. 计收集装箱滞箱费

依据船公司提供的滞箱费金额向用箱人收取。

8. 制作报表

每月分别向本部门经理、公司办公室、总公司提供进出口箱量统计表、外代公司月报表和总公司月报表。

9. 函电处理

回复往来业务函电。

10. 计算收取箱管费

按照箱管协议计收箱管费。

任务一　集装箱进出口流程

任务导入

　　天津红星国际船舶代理有限公司日前接到巴拿马籍集装箱货船"星辰"号在天津新港的委托代理业务，于2023年8月15日抵达新港，并计划卸下13个20英尺集装箱和8个40英尺集装箱，均为普通集装箱，无超限箱和特种集装箱。该轮计划装载5个20英尺集装箱和3个40英尺集装箱，其中，还涉及3个20英尺冷藏空箱的调运业务。假设您是该船代公司的一名箱管业务员，请根据集装箱进出口流程合理安排集装箱进出口相关事宜。

任务分析

　　集装箱进出口业务涉及多个部门（船公司、船代、货代、货主、码头堆场、货运站、海关等），业务流程繁杂，所需单证较多，对箱管业务员的业务操作能力和沟通协调能力提出较高要求。箱管业务员不仅需要熟悉集装箱进出口业务知识，掌握集装箱进出口业务流程，能够审核并缮制进出口相关货运单证，合理安排集装箱进出口事宜；还需要一定的沟通协调能力，明确船代在整个进出口货运业务中的地位，在船方、货方、港方及口岸查验机构的协作中，承担起协调相关各方的桥梁和纽带的作用。

任务实施

一、了解集装箱出口操作流程

（一）订舱配载

1. 订舱配载前的准备工作

（1）根据船期表掌握船期情况，了解船舶的到港时间、离港时间、堆场开放时间和截止时间等。

（2）掌握所接载船舶航线的港口情况，如始发港、终到港、沿途挂靠港的情况。

（3）掌握所接载船舶普通集装箱、冷藏集装箱、特种集装箱的箱位情况。

（4）掌握所接载船舶载货重量限制、载箱重量限制等。

2. 接受订舱

托运人的订舱是指托运人提供内容完整的场站收据进行订舱委托。一般情况下，电话订舱只有填妥场站收据或出口货物委托书后才可接受。接到托运人的场站收据后，需要对订舱委托进行审核，审核内容包括以下几点。

（1）场站收据上，字迹是否清晰，船名、航次、目的港是否准确，装船日期、有效期是否与航班日期相符，能否中转。

（2）货物流向是否为承运人所经营的航线所覆盖，是否为多式联运的内陆点，以及箱源的适用情况。

（3）托运人电话、联系人（如系新货主）、运费支付方式及运输条款是否填写清楚。

（4）如果货代订舱，检查是否已盖有货代印章或显示货代名称。

（5）在接受冷藏集装箱、特种集装箱货物的订舱委托前，应事先了解接载船舶是否有接受上述集装箱的能力，必要时与船公司航运或箱运部门联系落实。

（6）在接受超高超宽货物的订舱委托前，应先得到船公司书面或电话确认（如属电话确认，应在"电话记录单"上做好记录），并要求托运人提供准确的货物尺码，以减少货物尺码不符可能引发的风险。

（7）对于危险品货物的订舱委托，应由订舱人注明危险品级别和联合国危险货物编号，并提供危险货物安全技术说明书表明危险品类别。在接受Ⅰ类和Ⅷ类危险品货物的订舱委托前，应取得船公司确认。对货主所报的危险品级别有疑问的，应查阅《国际危规》进行审核。

（8）货物是托盘包装的，则要求订舱人注明每个托盘中的件数（如需要）。

（9）审核订舱委托是否有特殊要求。

（10）托运人或货代应提供危险货物安全适运声明书及危险货物安全技术说明书，一式二份，一份转外勤交船长并做好交接记录，另一份供缮制危险品清单。

（11）截单日期一般为船舶抵港前24小时。

确认场站收据各项内容完备无误后，即可给予提单号，表明委托已被接受。一联退托运人，二联本公司留底，三联、四联是运费通知，五联盖签单章确认接载，六联、七联交托运人办理报关、报验及装船手续，八联由订舱人留存。

经审核，认为委托暂不能接受或场站收据内容不完备的，应及时通知托运人并采取措施，如经采取措施仍不能被接受则通知托运人取消委托，并说明不能接受的原因。

做好记录后，连同原始委托及来往函电交部门经理核签并保存。

3. 对场站收据的修改

在接受订舱时或接受订舱后，因打印错误，或内容有变动，需要修改场站收据的，应按下列方式进行。

（1）托运人出具书面申请，内容包括提单号、船名、航次、原单内容、修改内容、修改日期。

（2）手改，由修改者在修改部位修改后盖小签章。

（3）电话更改，箱管业务员填写"电话记录单"，内容包括日期、授权更改人姓名、单位及要求更改的内容，并将"电话记录单"附在原始委托上。

（4）对"场站收据"一些重要内容更改，应请示船公司是否可以接受，不能接受的应及时通知托运人取消更改。

4. 货物改装他船时的处理

箱管业务员接受托运人订舱后，由于货物准备情况、船期等，托运人要求改装他船时，除按质量程序合同评审外还包括下列内容。

（1）托运人应提出书面更改要求，箱管业务员确认后在原始委托复印件上注明"退关"字样，保存在原始档案内。

（2）箱管业务员在接受改装本船的委托时，应在原始委托上注明"从某某船转来"字样，并加盖"改装"章。

（二）装箱前准备工作及安排装箱

1. 装箱前的准备工作

（1）备箱，注意明确箱型、箱量，如有特殊要求的还应予以重点说明。

（2）对于食品集装箱，如货主申请验箱的，应由货主以书面形式通知验箱通过。

（3）如商检验箱，应将商检出具的验箱证书在开船前送回存档。

2. 安排装箱

（1）在接受订舱委托的同时，与托运人明确装箱地点、装箱时间。

（2）如托运人自行安排装箱，应在场站收据副本联（第五联）上盖签单章表示订舱确认，同时预配箱号，并通知托运人按此装箱。

（三）开装前集装箱单证的缮制

1. 数据的录入

（1）将核审无误的场站收据的数据录入系统。

（2）根据船公司公布的海运运价本或书面运价通知，计算出海运费并录入系统。

2. 缮制出口集装箱货物单证

根据已录入系统的正确数据，缮制如下单据。

（1）集装箱装载清单（Numerical Container List），这是一份按卸港顺序逐票列明全船实际载运集装箱及其货物的汇总清单。

（2）集装箱货物舱单（Manifest），其中列明了在船上运输的所有货物的数量、重量、体积、品种、包装等信息及集装箱的箱号、箱型尺寸等信息。

（3）集装箱货物运费舱单（Freight Manifest），包含计费单位、费率、基本运费和各种附加费等。

（4）提单副本（外代订舱）。

（5）危险品货物清单（Dangerous Cargo List），包含船舶、航次运输信息以及危险品货物的货名、《国际危规》类别、标志、页号、联合国危险货物编号等信息。

3. 出口集装箱货物单证的审核

审核出口集装箱货物单证时，应注意以下内容。

（1）集装箱载货清单。

①船名、航次、船舶国籍、开航日期。

②装货港、卸货港、中转港、交货地、运输条款、提单号、货名、重量、件数是否与场站收据一致。

③集装箱号、铅封号、空箱重量是否与预配清单一致。

（2）集装箱货物舱单。根据场站收据核对托运人、收货人、通知方、运费条款、唛头、尺码。

（3）危险品清单。核对危险品票数及危险品货物等级、《国际危规》号及联合国危险货物编号。

（4）集装箱货物运费舱单。根据船公司提供的海运运价本或书面运价通知对海运费进行核对，主要内容包括：

①预付、到付运费是否明确；

②各项附加费是否分列；

③合计金额是否准确。

此外，应对下列内容进行核对：

①对照集装箱清单仔细清点每标箱数，特别注意拼箱的情况，做到不漏算一箱；

②理清全船冷藏集装箱、挂衣集装箱、超高集装箱、框架集装箱、危险品集装箱等特种集装箱箱数，相关运费按不同箱费率收取；

③认真核对优惠运费的协议号及特价书面通知。

（5）提单。检查提单内容是否完备，按工作程序的要求核对其内容与场站收据或出口货物委托书的内容是否相符，特别是目的港、提单号、箱号、封号、箱类、箱型、运输条款、件数、包装。如有不一致的情况，立即联系有关人员确认并要求其填写"提单更正申请"并整理归档。

（6）危险品货物清单。根据托运人提供的危险货物适运声明及危险货物安全技术说明书核对货名、件数、危险品等级、《国际危规》号、联合国危险货物编号。要在危险品货物清单及舱单上加盖危险品印章，如目的港代理对危险品有特殊要求，要按其要求缮制单证。

（7）对装货清单内容核对确保无误。根据实际情况，在相关单证上注明必要信息，如危险品要加盖"危险货物"印，注明等级，冷藏集装箱要注明温度，集运货要加盖"外代拼箱货"印，超宽超高货注明尺码。

（8）所有审核后的单证以加盖业务/签单章为标识。在留底联的单证上要加盖审核章并签字予以标识。重要单证应互检。

（四）装船前单证的传递

1. 船舶靠泊作业前

书面通知集装箱装卸公司用箱计划及危险品集装箱、冷藏集装箱等特种集装箱箱数，如有超宽、超高货物还需提供准确尺码。

2. 装船前由外勤转递的单证

（1）集装箱载货清单，一式三份，集装箱装卸公司、外代、船方各一份。

（2）出口危险品装箱证明书（托运人提供），一式三份，船长、外代、集装箱装卸公司各一份。

（3）出口危险货物适运声明（托运人提供），一式两份，船长、集装箱装卸公司各一份。

（4）出口危险品清单（托运人提供），一式四份，其中转船长两份，集装箱装卸公司、外代各一份。

（5）船舶载运危险货物申报单，一式三份，船长、集装箱装卸公司、港监各一份。

（6）出口危险品说明书（托运人提供），一式两份，船长、集装箱装卸公司各一份。

3. 其他单证

外轮理货公司签发的理货证明及溢短、残损单，各一份，转箱管员。

（五）加载与撤载

1. 加载

托运人要求加载，除按相关合同办理外，还应视舱位及船期情况决定是否接受加载。如接受加载，应重新缮制有关单证。

2. 撤载

（1）托运人要求撤载，应要求其出具书面通知，附在原始委托书上，同时在"集装箱出口订舱登记本"备注栏处加以记录。

（2）开具"撤载通知单"，传真给集装箱装卸公司。

（3）删除系统中已录入的数据资料。

（4）如相关单证已交外勤，应及时通知其收回或做相应更改。

（六）开船前单证工作内容

1. 缮制正本提单（在外代订舱）

根据提单样本（如有），缮制正本提单。

2. 准备开船单证

将随船及需由外勤转交船长的出口单证分别放入单证袋，由外勤转交船长并由其带转卸货港代理、中转港代理，同时在"单证（文件）交接记录本"上由船长签字表明接收相关单证。如卸货港有特殊规定，按其要求制作有关单证。船公司所需单证，按船公司要求办理。

（七）开船后工作

1. 预付运费的计算与结算

将审核无误的运费输入系统，制作运费舱单。依据已输入的运费资料，经系统进行数据处理后在三个工作日内打印出"集装箱运费结算通知书"，一式两份，其中一份留底，一份交给结算员结算运费。

2. 签发正本提单

凭场站收据第七联签发正本提单，认真核对提单各项内容与场站收据是否一致，特别注意核对实装数和目的港。

（1）签发正本提单时要加盖签单和日期章，每票正本提单校对章不能超过三处，提单号、船名、唛头不允许修改，若有错误应重新缮制。

（2）提单上应注明运输条款。如注明的运输条款为 CY－CY，则提单上货名栏应填有"××个××英尺集装箱据称内装"（×× ××FT FULL CONTAINER（S）S. T. C）、"由托运人装箱、计数、加封"（SHIPPER'S LOAD，COUNT & SEAL）字样，件数合计栏中注明的应为箱量。如注明的运输条款为 CY－CFS，则提单上货名栏中应填有"由托运人装箱、计数、加封"（SHIPPER'S LOAD，COUNT & SEAL）字样，件数合计栏中注明的应为货物件数。

（3）如签署的是信用证结汇提单，应在必要时参阅相应的信用证内容。

①应确保提单的收、发货人，通知方及运费支付条款内容与信用证要求一致。

②提单注明的装船日期应与信用证要求的装船日期一致。如不一致，应要求货主通知银行修改信用证内容。

③提单上"承运人签署"栏中应注明签署人。

（4）如托运人或货代要求签发 MEMO B/L（备忘提单），船代应在签单前要求托运人或货代提供 HOUSE B/L（货代提单），并认真审核 HOUSE B/L 中货名、件数、重量，使之与 MEMO B/L 上的信息相同。MEMO B/L 的收货人栏中应注明"按××船公司签发的 B/L NO. ××的持单人的指示（TO ORDER OF HOLDER OF THE ORIGINAL B/L NO. ×× ××CO. ）"。提单内容应与舱单相应内容一致。

（5）对于托运人提出的任何限制、扩大承运人责任、风险、费用的特殊条款，必须有船公司提供的书面确认方能办理。

如托运人要求电报放货，应提交书面申请。目的港代理根据托运人的电放申请通知电放货物。同时应注意，如正本提单已签发，要全套正本提单收回后方可办理电放。

（八）开船后单证更改

修改提单必须由托运人出具书面保函方可办理更改，然后传真船公司或订舱代理更正，并留底待查。特殊重大修改由部门经理签字后方可办理。如需重新签发全套正本提单，除要求出具保函外还要先收回已签发的全套提单。

托运人要求更改单证时，必须出具书面申请，收到托运人改单申请后要对其进行评审，评审内容主要包括以下各项。

（1）所更改内容是否可被接受。

（2）申请人是不是本修改单证的托运人或代理人，代理人代其托运人办理更改时，必须随附托运人的有效书面委托。

（3）如托运人要求更改目的港，则必须评审受载船舶是否挂靠该港，若是中转货则评审该船公司能否接受所改目的港。

评审认为可以接受时，应请船公司书面确认后方可接受更改，并按运价相应更改运费。经过评审可以接受更改的应及时办理更改，对评审后不能接受更改的，应在更改申请上注明原因并附在被更改单证后存档。

接到本部门外勤转来的"单船记录本"后，转交办公室统计员。

（九）集装箱箱体报关及单证缮制

（1）进口空箱，根据集装箱货物进口舱单、提单正/副本和海关要求填写"进口货物报关单"。填写内容包括船名、航次、提单号、进口空箱数、箱型、空箱重量、装货港、卸货港、货物编号、审报日期，并附所报空箱的正本提单一套。所附提单正/副本要加盖提单签单章及相关的箱号单。

（2）出口空箱调出，根据本箱管业务员提供的"空箱调出通知单"缮制"场站收据"并加盖签章。场站收据的填写内容包括托运人、收货人、通知人、托单号、船名、航次、装货港、卸货港、箱数、箱型、空箱重量、货名、运费支付方式、合计大写。然后进行集装箱空箱调出并缮制提单、舱单、集装箱载货清单。

（3）出口重箱箱体及空箱箱体通关后将海关盖有海关放行章的集装箱货物托运单交外勤转交集装箱装卸公司，并填写"单证（文件）交接记录本"。

（4）国内空箱调出，国内空箱调出需缮制出口舱单。舱单内容包括船名、航次、装货港、卸货港、货名、箱号、箱型、空箱总重量。

二、了解集装箱进口操作流程

1. 签发提货单

收货人或其代理人凭正本提单换取提货单。根据集装箱外勤提供的进口舱单对正本提单进行核对，无误后方可签发提货单。

2. 发出到货通知

收到进口舱单后三个工作日内向舱单列明的通知方发出到货通知或电话通知，如电话通知应做好催提电话记录。

若无法按舱单等单证内容与通知方取得联系时应立即向装港代理或船东查询，得到答复后，即发到货通知。

对于船舶抵港一个月之后仍未被提取的货物，需再次发出到货通知（以电话、传真形式），做好催提电话记录。并将情况报知船东或装港代理，以便其通过发货人督促收货人及早提货。在将情况报知船东或装港代理时，应做好记录。

3. 答复货主

及时准确地答复货主对进口货物的查询。

4. 集装箱进口提货单（D/O）的缮制和签发

（1）集装箱进口提货单是根据集装箱外勤转来的集装箱货物进口舱单、提单副本制作的。

（2）签发提货单之前，应对提货人所出具的单据进行审核，审核内容包括：

①单据是否为船公司正本提单；

②海运费等费用是否到付，如是，则要求先缴纳运费及其他应缴费用；

③提单与舱单内容是否一致；

④对提货人无正本提单提货时的手续进行审核。

（3）签发 D/O 放货的基本原则是：

①遵循凭正本提单放货的国际惯例；

②相关单据内容审核无误；

③收回正本提单后签发 D/O（委托方或船东另有明确书面指示的除外）。

（4）海运费及其他费用到付的，以船公司或装港代理通知或进口舱单为准。应填写"集装箱进口运费收取通知书"，列明到付运费项目（审核提单内容时要严格审核运费条款），并依据该通知书书面通知收货人及本公司财务部门运费金额。运费收取以本公司财务部门盖章或签字为准。

（5）如船东或装港代理有明确书面指示放货的，必须按指示办理，书面指示应存档备查。

（6）收货人提交的正本提单内容与集装箱的货物舱单及依据提单副本缮制的 D/O 内容出现不一致时，应先检查 D/O 内容与舱单内容是否一致。若不一致，属打字错误，则对 D/O 内容加以修改；若一致，则应立即向船东核实，待收到其确认并做好更改后，再签发 D/O。

（7）鉴于集装箱周转快的特点，当收货人不能及时得到正本提单而出具银行担保提货的，要请示船东可否接受，并依照船东明确书面指示办理。船东指示电/函留档备查。

5. 提单内容的更改

（1）接到委托方或装港代理更改提单内容的通知，应及时办理。

（2）如果更改函电到达时，提货单已签发出去，且提货场地确认货物已被提走，则不可接受更改，此时应及时向委托方或装港代理说明情况，表示货物已被提取，不能接受更改。

德润匠心

助力低碳环保——上海外代为客户提供高效稳定海铁联运服务

2023 年 10 月 9 日下午，首批宏海箱运（RCL）淮安–上海港海铁联运业务搭载着上海外代沪淮固定班列平稳驶出，这是淮安线 8 月定班后，上海外代协同淮安中远海运物流再一次为船东及客户共同打造的定制化铁路运输服务。此举进一步丰富了上海外代在淮安线上的服务结构，也为船东及客户提供了更多高效、低碳的物流通道选择。

近年来，基于中远海运物流供应链上海大区与口岸网点的深入协同联动，上海外代海铁联运产品不断有新突破。目前其已开设覆盖江苏、安徽、浙北地区的海铁线路近20条，其中点对点固定时效班列已达10条，为数十家船东及上百家客户长期提供了降本、高效、稳定的铁路运输服务，同时这贴合国家低碳环保的战略发展方向，为打赢"蓝天保卫战"做出一份贡献。

知识卡片

班轮公司获取集装箱的方式

班轮公司要提供优质服务，除了拥有准确的班期、快速的船舶、合理的挂靠港序、优质的服务，拥有足够数量的符合国际标准的各类海运集装箱也是必不可少的要素。目前，班轮公司获取集装箱的方式主要有以下两种。

一、集装箱购买

班轮公司购买集装箱就是运用自筹资金向集装箱制造厂商直接购买集装箱。不过，集装箱是一种造价十分高昂的运输设备。根据目前集装箱制造市场的行情，一只40英尺普通干货集装箱造箱成本为2500～2800美元。尽管集装箱造价高昂，但由于集装箱对于需要提供优质服务的班轮公司来说是必不可少的设备，而且从长期投资来看，班轮公司自行购买集装箱远比通过其他方式获取集装箱要经济，因此各大班轮公司愿意斥资购买一定数量的集装箱作为自己的固定资产。

二、集装箱租赁

班轮公司除了自己购买集装箱，在自备集装箱不能满足实际用箱需求或出现突发性需求时，可通过集装箱租赁市场获取一定数量的集装箱来解决缺箱问题。班轮公司租赁集装箱的原则是根据实际情况，以降低经营成本为目标来确定集装箱的购置或租用数量。

集装箱租赁对于班轮公司而言具有重要的作用：

（1）班轮公司或其他集装箱运输经营人因业务发展需要增加集装箱数量或需要对长期使用的集装箱进行更新时，可采用以租代购的方式补充和更新，以减少占用资金；

（2）在各航线来回程货源不平衡的情况下，可通过单程租赁或其他临时租赁方式解决空箱回运问题；

（3）在某些货物、货源量随季节变化时，可以通过短期或者临时租赁方式租用集装箱的方式来满足这种不平衡的需要，提高集装箱的利用率；

（4）通过租赁既能满足不同货主、不同运输条件对集装箱类型的要求，以减少自有箱中利用率低的集装箱类型，又能保证运输的实际需要。

集装箱数量的配备要根据投资合理、效益最优的原则来确定，其实质就是要以最经济的方式保证有足够数量的自购箱和租箱来满足用箱需求，从而实现效益最大化。因此，应运用优化技术，以用箱成本（短期和长期）最低为目标函数，确定自购箱量、长租箱量及灵活租箱数量的最佳比例。

自购箱的成本可近似认为是由折旧费用、修理费用、堆存费用（发生闲置时产生）及管理费用构成，这可以根据置箱价格、折旧年限以及相关的统计资料估算得到；而长期租箱和灵活租箱的箱天成本近似，以租金费率计算。通常，每天租箱的成本是自购箱成本的1.5～2.5倍。在实际生产经营中，由于货源数量的季节性变化和往返程货运量的不平衡以及长期租箱在租期内如同自购箱一样，当自购箱量和长租箱量在集装箱配备总量中所占的比例过高时，班轮公司将承担大量的空箱闲置费用及调运费用，并且数额随自备箱量和长租箱量比例的增大而增加。也就是说，集装箱配备总量中灵活租箱所占的比例增大，在货运量下跌时，空箱闲置和调运费用将会降低，不过，在灵活租箱使用期间需要支付相对较高的租金。

班轮公司在配备集装箱过程中，如果能合理确定各种租箱方式的比例，将会改善集装箱的周转状况并提高其利用率，在保证完成全部重箱周转量的同时，使集装箱总量与船舶总箱位的比例（称之为箱位比）保持在较低水平，从而降低集装箱管理总成本。除了上述因素，班轮公司在确定自购箱数量时，还应考虑到自身的投（融）资能力以及未来的发展规模，同时应对航运市场有一个比较科学的预测并有适当的措施来降低投资风险。

任务二　集装箱箱管业务

任务导入

无论是进口集装箱货物还是出口集装箱货物，箱管部门都要为货主（货代）办理放箱、结算等业务，必要时还需要承担空箱调运、残箱验箱等工作。假设您是箱管业务员，请按照箱管工作流程办理相关业务。

任务分析

各船舶代理公司的箱管流程不尽相同，但是基本环节大体相同，核心业务逻辑基本一致。本书以集运箱管部的业务流程为基础，结合在线业务管理系统，详述箱管中的业务操作流程与规范。

随着业务范围的拓展，很多公司选择围绕核心业务开发网上业务管理系统，实现网上电子订舱、网上箱管、网上查询、网上提单确认等一系列在线服务。如何结合业务流程，合理利用在线业务系统，实现进出口放箱、残箱验箱、集装箱空箱调运、重去重回等工作，是箱管业务员的必备业务技能。

任务实施

一、进出口放箱流程

（一）出口放箱流程

出口放箱流程如图 6-1 所示，流程说明如下。

（1）箱管业务员按船期在 Cargo 系统内做好数据维护。

（2）用箱人订舱后，委托协议换单人凭订舱信息在网上发送提箱申请。

（3）Cargo 系统根据事先维护的数据，自动审核提箱申请是否与系统内的订舱信息一致。

（4）若一致，Cargo 系统自动接受提箱申请并生成 EIR；若不一致，则自动拒绝并注明原因，反馈协议人更正。

（5）协议换单人刷 IC 卡打印 EIR 的同时，扣除吊费（IC 卡在签协议时办理，用于充值吊费）。

（6）协议换单人凭 EIR 去堆场提箱，装箱集港。

（7）协议换单人提箱后，堆场发送出场报文给箱管业务员，箱管业务员将数据导入 Cargo 系统。

（8）箱子集港后，码头签收 EIR，注明箱况及时间，返给车队一联用于结费，同时发送集港报文给箱管业务员，箱管业务员将数据导入系统。

（9）装船后，处理发送集港及装船报文给箱管业务员，箱管业务员将数据导入系统。

（10）箱管业务员按日期通过 Cargo 系统制作账单。

（11）协议换单人凭进场 EIR 到箱管部核费交费（接收费流程）。

（二）进口放箱流程

进口放箱流程如图 6-2 所示，流程说明如下。

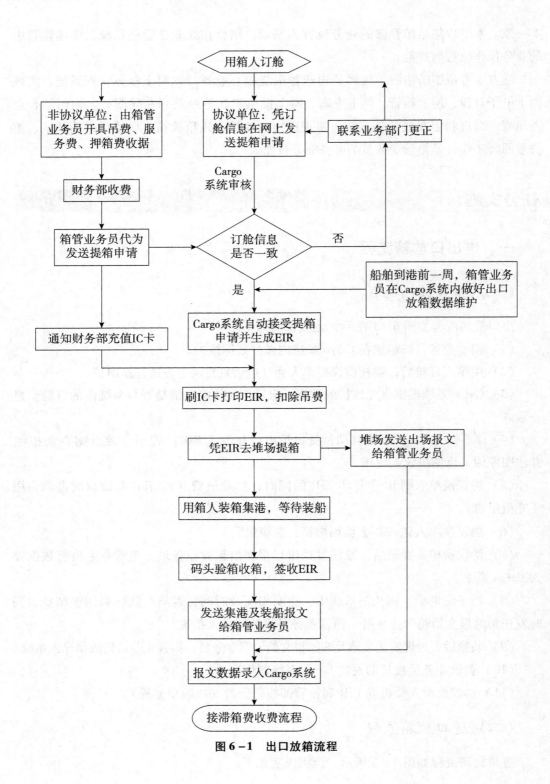

图 6-1 出口放箱流程

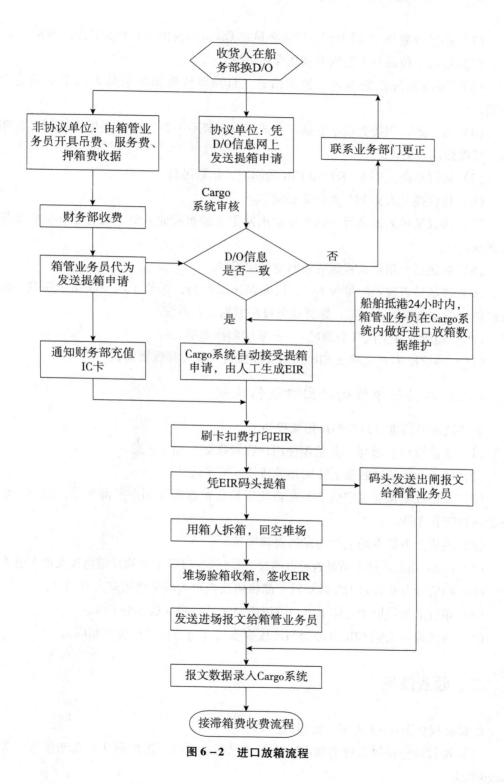

图6-2 进口放箱流程

（1）船舶到港 24 小时内，箱管业务员在 Cargo 系统内做好相关数据的维护。

（2）协议单位换单人在网上发送提箱申请。

（3）Cargo 系统根据事先维护的信息，自动审核提箱申请是否与系统内的 D/O 一致。

（4）若一致，则接受提箱申请并生成 EIR；若不一致，则拒绝提箱申请并注明原因，反馈协议人更正。

（5）协议换单人刷 IC 卡打印 EIR 的同时，扣除吊费。

（6）协议换单人凭 EIR 去码头提箱。

（7）协议换单人提箱后，码头发送出闸报文给箱管业务员，箱管业务员将数据导入系统。

（8）拆箱后，用箱人将集装箱回空指定堆场。

（9）堆场负责验箱并签收 EIR，注明箱况及时间，返给车队一联用于结费，同时发送进场报文给箱管业务员，箱管业务员将数据导入系统。

（10）箱管业务员按日期通过 Cargo 系统制作账单。

（11）协议换单人凭进场 EIR 到箱管部核费交费（接收费流程）。

（三）非协议单位的进出口放箱流程

非协议单位的进出口放箱操作流程如下。

（1）非协议单位填写"集装箱使用预收费收据"相关信息。

（2）箱管业务员在收据上注明相关费用，签字确认。

（3）非协议单位凭签字的"集装箱使用预收费收据"到财务部交费，并将一联收据返回箱管业务员。

（4）箱管业务员在网上代为发送提箱申请。

（5）Cargo 系统审核申请是否可以通过，是则生成 EIR，否则反馈协议换单人更正。

（6）箱管业务员通过 OA 通知财务部将协议换单人所交费用充入 IC 卡内。

（7）箱管业务员刷卡打印 EIR，协议换单人签字确认后领取 EIR。

（8）协议换单人凭 EIR 办理提箱及核费手续（与协议单位操作相同）。

二、收费流程

收费流程如图 6-3 所示，流程说明如下。

（1）箱管业务员每天将集装箱的动态（包括进出场、进出码头、装卸船等）导入 Cargo 系统。

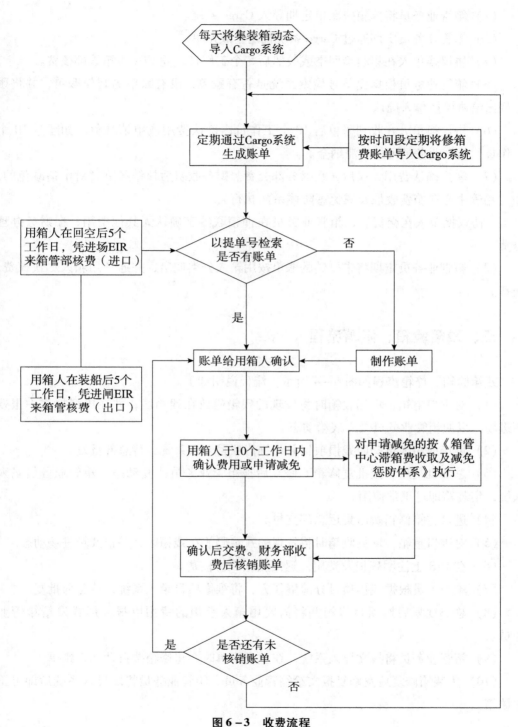

图6-3　收费流程

（2）箱管业务员将修箱费账单定期导入 Cargo 系统。

（3）箱管业务员定期通过 Cargo 系统批量生成账单。

（4）协议换单人在集装箱回空或装船后 5 个工作日，凭 EIR 来箱管部核费。

（5）箱管业务员根据提单号检索系统是否有账单，没有账单的制作账单，并将账单调出给协议换单人确认。

（6）协议换单人在收到账单后 10 个工作日内确认费用或申请减免。如超过 10 个工作日，箱管业务员可加收滞纳金。

（7）客户确认费用无误后，在财务部交费。财务收费后核销账单（对申请减免的，按《箱管中心滞箱费收取及减免惩防体系》执行）。

非协议换单人在交费后，箱管业务员在押箱联签字确认无其他费用，在财务办理退费。

（8）箱管业务员定期将未核销的账单按用箱人分类调出，并通知用箱人尽快核费、交费。

三、残箱验箱、修箱流程

残箱验箱、修箱流程如图 6 - 4 所示，流程说明如下。

（1）对进口空箱，堆场收箱时将发现的残箱码放在残箱区，并在进场报文中报残箱进场，以便箱管业务员录入残箱动态。

（2）堆场验箱人员验明残损项目并将维修项目录入系统，待总部批复。

（3）总部批复后，按批复修箱。修复后报箱管业务员修复动态，箱管业务员录入系统，集装箱即可正常使用。

（4）进口空箱修箱费由集运总部支付。

（5）对进口重箱，堆场收箱时将发现的残箱码放在残箱区，并报残箱进场动态。

（6）在 EIR 上注明残损及费用，返用箱人一份核费。

（7）验箱人员根据残损项目分清责任方，将维修项目录入系统，待总部批复。

（8）总部批复后按项目修箱并将需要用箱人承担的费用以报文形式发给箱管业务员。

（9）箱管业务员将报文导入系统，在生成账单时会将修箱费自动加入账单。

（10）集装箱修复后发修复报文给箱管业务员，箱管业务员将之导入系统后即可正常放箱。

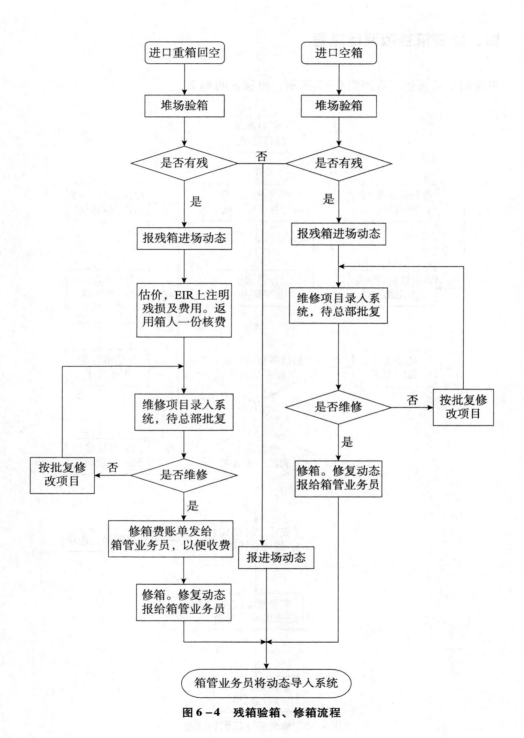

图 6 - 4　残箱验箱、修箱流程

四、集装箱空箱调运流程

集装箱空箱调运流程如图 6-5 所示，流程说明如下。

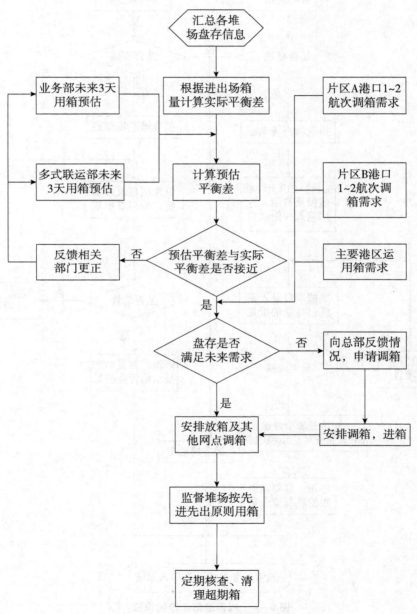

图 6-5　集装箱空箱调运流程

（1）每天汇总整理各堆场盘存信息。

（2）根据每天的进出场箱量计算实际平衡差。

（3）业务部、多式联运部将未来 3 日的用箱预估发给箱管部，箱管部比较实际与预估平衡差的情况，并反馈相关部门。

（4）合理预留不同港区驳运空箱量。

（5）根据片区内其他港口的盘存，合理预留调运空箱量。

（6）根据上述信息及航线舱位情况，计算合理空箱保有量并将用箱情况反馈给箱管部，如不能满足需求则申请调箱。

（7）根据各堆场盘存，给堆场合理分配进口空箱。

（8）根据各堆场的盘存，合理安排放箱。

（9）根据箱管部指令，给其他口岸安排空箱调运。

（10）定期核查集装箱盘存情况，监督堆场按先进先出原则用箱，清理超期箱。具体为：

①督促堆场优先使用超期箱；

②对长期闲置的特种集装箱，向总部申请调出；

③追踪提走的空箱和提箱车队的动态信息；

④对进口重箱，和进口部门协同，联系收货人，要求其尽快还箱；

⑤对出口集港重箱，和业务部协调，安排尽快装船；

⑥对内陆点空箱，和多式联运部协调，按先进先出原则用箱。

五、重去重回流程

重去重回流程如图 6-6 所示。

重去重回操作原则为：进出口都到门，或者至少有一方到门，才允许重回；都是 CY（堆场）的，原则上不允许重回；只有自己做的进口货可以申请重回，不得代其他车队申请，否则按私自重回处理，即按 20 英尺标准箱 400 元、40 英尺标准箱 600 元的标准收取罚金。

基于以上原则，目前的重去重回基本有两种情况。

1. 正常重去重回

车队通过正常途径申请，由箱管部和多式联运部审批后的重去重回，其操作流程如下。

（1）车队重去重回集港后 3 日内，按要求格式将相关信息发邮件给箱管部。

（2）车队同时将书面重回申请递交多式联运部审批。

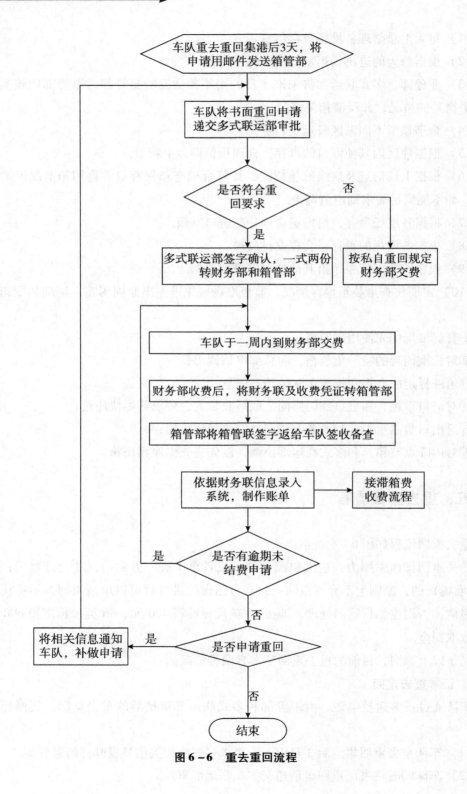

图 6-6　重去重回流程

（3）多式联运部核实是否符合重回要求及应收费用等，符合要求的签字确认，一式两份，不符合要求的走私自重回流程。

（4）多式联运部将签字后的书面申请递交箱管部一份（箱管联）、财务部一份（财务联）。

（5）车队在递交申请后一周内，到财务部交费。

（6）财务部收费后，将财务联及收费凭证转箱管部放箱人员。放箱人员在箱管联上签字返给车队备查，并要求车队在财务联上签字证明已收到箱管联。

（7）箱管部放箱人员将财务联转系统录入人员，录入人员将相关数据录入系统，以便制作账单，并将财务联留底备查。

（8）箱管部放箱人员通知手中箱管联超过一周尚未结费的车队尽快交费，并停止其换单协议，直到费用结清为止。同时将所停协议车队通知多式联运部。

（9）箱管部定期检查是否有未申请的重回，并通知相关车队补做申请。

2. 私自重回

车队未通过正常途径申请，私自重回，其操作流程如下。

（1）箱管部每月查询无账单的进口提单号（本月查询上月）。

（2）将无账单的提单号按车队筛分，并打印出来，发给相应车队，要求车队在一周内反馈，否则暂停协议。

（3）对车队的反馈有如下几种情况。

①箱子尚未回空：超期的，要求车队预交滞箱费，归入超期箱管理。

②已回空：和堆场核实，如确实回空，堆场报文错误，补做账单。

③重去重回：符合正常手续漏报的，通过正常程序补费，补做账单（一周内处理好）。

④私自重回：按规定交费后，补做账单（费用结清后开通协议）。

六、数据录入

1. 数据录入的要求

（1）动态的及时性。要确保在集装箱动态发生的 48 小时内，将所发生的动态录入 TS 系统中。

（2）动态的逻辑性。要确保集装箱动态符合 TS 系统的逻辑性。

2. TS 系统集装箱动态的导入

（1）装卸船动态。每天用 E-mail 接收外理开船后发送的装卸船报文，修改时间、码头、港口等信息使之符合格式要求，然后通过 EDI 将集装箱的装船和卸船动态导入 TS 系统。

（2）进出闸动态。每天用 E-mail 接收各码头发送的进出闸报文，通过 EDI 将集装箱的进出闸动态导入 TS 系统。

（3）进出场动态。每天用 E-mail 接收各堆场发送的进出场报文，通过 EDI 将集装箱的进出场动态导入 TS 系统，每天两次。

（4）与其他公司融舱的装卸船动态。

进口：用 E-mail 接收内外贸进口单证提供的电子表格舱单，调整动态、日期和码头的格式后导入 TS 系统。

出口：每天登录外贸出口的 Cargo 系统，查询当日出口船舶，再电话询问外贸出口航线人员，确定此船舶的实际离港时间，等船舶离港后再打电话给外理要这条船舶的装船报文，修改好格式后导入 TS 系统。

（5）处理堆场发送的修改动态的邮件，修改 TS 系统的动态信息。

（6）用 E-mail 接收车架的装卸船信息，修改好格式后，导入 TS 系统。

（7）内陆点进出场。每天用 E-mail 接收内陆点的进出场电子表格报文，将其做成统一规定格式后导入 TS 系统。

（8）做退租箱的动态和其他一些错用箱的动态导入 TS 系统。

3. Cargo 系统集装箱动态的导入

（1）装卸船动态。

进口：用 E-mail 接收内外贸进口单证提供的电子表格舱单，调整动态、日期和码头的格式后，在放单前导入 Cargo 系统，以便打印设备交接单。

出口：将导入 TS 系统的装船报文导入 Cargo 系统。

（2）进出闸动态。将导入 TS 系统的进出闸报文导入 Cargo 系统。

（3）进出场动态。将导入 TS 系统的进出场报文导入 Cargo 系统。

德润匠心

降本增效——上港联代推出无纸化换单解决方案

换单即收货人或其代理人持提单前往船公司指定换单处（一般为船舶代理柜面）换取提货单的操作。提单和提货单都包含货权，容不得半点纰漏。长久以来，进口换单业务需收货人或其代理人持盖有正本章的全套换单资料（提单、保函等），前往船舶代理柜面办理，既低效又不环保。

上海上港联合国际船舶代理有限公司（简称上港联代）作为上海港最大的公共船舶代理公司之一，本着为客户提供优质服务的理念，顺应单证操作数字化、低碳化的趋势，与上海市数字证书认证中心有限公司（简称上海CA）合作，引入电子信息平台和数字证书、电子签章等数字认证技术，在全国范围内首创将CA技术内嵌入进口换单流程，实现了换单全程无纸化，为客户提供了便捷、低成本、环保的换单解决方案。

上港联代CA无纸化换单流程如图6-7所示。

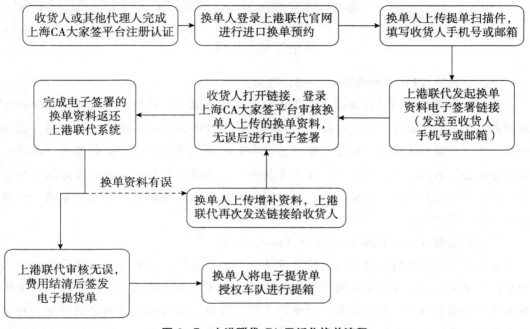

图6-7　上港联代CA无纸化换单流程

上港联代CA无纸化换单，具有以下五大优点。

1. 全程无接触、无纸化：客户全程线上操作，无须递交纸质换单资料，远程或居家均可操作。

2. 高效、节约成本：节约了客户纸质换单资料的准备、寄送、排队等待的时间及成本。

3. 学习成本低，适用性强：上港联代将CA内嵌入进口换单流程，与传统换单模式相比，整体操作变动不大，降低了客户的学习门槛，同时也无需额外操作方的介入，便于推广到其他港口及船代公司。

4. 无额外费用：相关CA费用由上港联代承担，不给客户增加负担。

5. 合法合规：采用上海CA认证服务进行电子签章的换单资料，具有与正本章相同的法律效应，并可根据需要，提供电子签署验证报告、公证书、司法鉴定验证书等法律文件。

与传统换单模式相比，该方案安全高效、适用性强，客户接受度高。如后续船舶代理公司都与上海CA合作，还可实现客户一次CA认证，全国换单。

该方案已于 2022 年 12 月 9 日上线，并在当天完成首票 CA 无纸化换单，目前已有超过 300 家换单人、收货人，注册使用了上港联代 CA 无纸化换单系统，注册使用客户及换单占比还在持续攀升中。

知识卡片

整箱货与拼箱货

一、整箱货（Full Container Load，FCL）

整箱货为拼箱货的相对用语，它是由发货人负责装箱、计数、积载并加铅封的货运形式。整箱货的拆箱，一般由收货人办理，也可以委托承运人在货运站拆箱，但是承运人不负责箱内的货损、货差。除非货方举证确属承运人责任事故的损害，承运人才负责赔偿。承运人对整箱货，以箱为交接单位。只要集装箱外表与收箱时相似和铅封完整，承运人就完成了承运责任。在整箱货的提单上，要加上"委托方装箱、计数并加铅封"的条款。

二、拼箱货（Less than Container Load，LCL）

拼箱货为整箱货的相对用语，指装不满一整个集装箱的小票货物。这种货物通常由承运人分别揽货，并在集装箱货运站或内陆站集中，而后将两票或两票以上的货物拼装在一个集装箱内，同样要在目的地的集装箱货运站或内陆站拆箱分别交货。对于这种货物，承运人要负担装箱与拆箱作业，装拆箱费用仍向货方收取。承运人对拼箱货的责任，基本上与传统杂货运输的责任相同。

拓展练习

一、单项选择题

1. （　　）是一份按卸港顺序逐票列明全船实际载运集装箱及其货物的汇总清单。

参考答案

  A. 进口舱单   B. 出口舱单

  C. 副本提单   D. 载货清单

2. 收货人或其代理人凭（　　）换取提货单。

  A. 正本提单   B. 副本提单

  C. 运费舱单   D. 进口舱单

3. 出口集装箱时，协议人凭（　　　）去堆场提空箱，装箱集港。

  A. 托运单　　　　　　　　　　　　B. 装货单

  C. 设备交接单　　　　　　　　　　D. 收货单

4. 堆场收箱时将发现的残箱码放在（　　　），并在进场报文中报残箱进场，以便箱管录入残箱动态。

  A. 空箱区　　　　　　　　　　　　B. 残箱区

  C. 重箱区　　　　　　　　　　　　D. 特种箱区

5. 箱管业务员每周通过系统调取当地箱子盘存情况，监督堆场按（　　　）原则用箱，清理超期箱。

  A. 同进同出　　　　　　　　　　　B. 边用边调

  C. 后进先出　　　　　　　　　　　D. 先进先出

二、判断题

1. 超高超宽货物应先得到船公司书面或电话确认后，方可接受订舱，并要求托运人提供准确的货物尺码。（　　　）

2. 在接受冷藏箱、特种箱货的订舱委托前，应事先了解接载船是否有接受上述箱的能力，必要时与船公司航运或箱运部门联系落实。（　　　）

3. 危险品订舱时，由订舱人注明危险品级别即可。（　　　）

4. 如托运人自行安排装箱，船代应在场站收据副本联上盖签单章表示订舱确认，同时预配箱号，并通知托运人按此装箱。（　　　）

5. 托运人要求加载，除按合同评审程序办理外，还应视舱位及船期情况决定是否接受加载，无须重新缮制有关单证。（　　　）

6. 根据集装箱进出口箱量信息及航线舱位情况，计算合理空箱保有量并将用箱情况反馈给箱管部，如不能满足未来用箱需求则需申请调箱。（　　　）

7. 进出口都到门，或者至少有一方到门，才允许重回。都是 CY 的，原则上也允许重回。（　　　）

三、操作题

Tianjin Zhixue Trade Co., Ltd. 有一票货物出口，已联系 Tianjin Red Star Shipping Agency Co., Ltd. 订舱完毕。作为箱管业务员，请你参考操作部门出具的订舱确认书，安排出口放箱事宜。

BOOKING CONFIRMATION
订舱确认书

TO：TIANJIN ZHIXUE TRADE CO.，LTD.

FROM：TIANJIN RED STAR SHIPPING AGENCY CO.，LTD.

DATE：SEPT 29, 2023

B/L NO. ：COSNSGN202310008

FORWARDER REFERENCE：

预配头程船名航次：MV. COSCO KILIMANJARO V. 0RE77W1MA   航线：REX1

预配二程船名航次：   航线：

SHIPPER：TIANJIN ZHIXUE TRADE CO.，LTD.

　　　　NO. 8，YASHEN ROAD，JINNAN，TIANJIN，CHINA

POL：XINGANG，CHINA

POD：GENOA，ITALY   PLACE OF DELIVERY：GENOA，ITALY

QUANTITY：6×40'HQ

CNTR NO. ：CMAU2661425   CMAU4008874   CMAU4351432   CMAU6991527

　　　　　　CMAU6454149   CMAU9452314

CARGO：CHIP SHOOTER

SHIPPING TERMS：CY－CY

备注：

敬请留意：

预计开舱时间：2023/09/25 10：00

预计截重时间：2023/10/01 12：00

预计截关时间：2023/10/01 18：00

预计开航时间：2023/10/03 12：00

预计截文件时间：2023/10/01 17：00

预计到目的港时间：2023/11/02 08：00

＊以上时间如有变动，以另行通知为准。

＊如贵公司自行安排拖车报关，请仔细阅读下列事项。

打单提箱地点：　　天津东疆集装箱码头

放行条交接地点：天津东疆集装箱码头

空箱提取地点：　　天津东疆集装箱码头

重箱返回地点：　　天津东疆集装箱码头

TEL：86－22－66665555　　　　　　　　　FAX：86－22－66665555

四、实训项目

假设您是 Tianjin Red Star Shipping Agency Co.，Ltd. 的员工，请据实训素材进行如下操作。

（1）判断出口箱是否满足订舱配载条件，若满足条件，审核出口集装箱场站收据是否符合要求；

（2）客户要求产地装箱，400 cartons 1×40'GP，请安排好装箱事宜。

（一）实训要点

实训任务	出口集装箱订舱配载与装箱
实训目标	能够完成出口集装箱订舱配载工作，并根据要求装箱
实训时间	80 分钟（建议）
实训地点	实训机房或教室（建议）
实训素材	出口集装箱相关单证和货载信息，船公司船期表和航线信息
实训要求	根据实训任务背景，结合相应教学资料，完成出口集装箱订舱配载，并做好产地装箱准备
实训步骤	（1）了解出口集装箱相关单证和货载信息，船公司船期表和航线信息； （2）判断出口箱是否满足订舱配载条件； （3）审核出口集装箱场站收据是否符合要求； （4）安排产地装箱事宜
评价方式	学生互评，教师点评

（二）实训素材

2023 年 10 月 11 日，Tianjin Red Star Shipping Agency Co.，Ltd. 收到来自协议单位 Tianjin Chengda International Freight Forwarding Co.，Ltd. 的场站收据（订舱委托）如下。

Shipper （发货人）				D / R No. (编号)		
HUZHOU YUSHUN IMPORT AND EXPORT CO., LTD.　NO.8 FEENGHUANG ROAD, HUZ HOU, ZHEJIANG, CHINA						

Consignee （收货人）

To the Order of HUZHOU YUSHUN IMPORT AND EXPORT CO., LTD.　NO.8 FEENGHUANG ROAD, HUZHOU, ZHEJIANG, CHINA

装　货　单
场站收据副本

第五联

Notify Party （通知人）

DAIWA SENI CO ., LTD.　2-3-31 TAKAKURA-CHO MIYAKOJ IMA-KU OSAKA CITY JAPAN

Received by the Carrier the Total number of containers or other packages or units stated below to be transported subject to the terms and conditions of the Carrier's regular form of Bill of Lading (for Combined Transport or Port to Port Shipment) which shall be deemed to be incorporated herein.

Date （日期）
Aug 10 th, 2023

Pre-carriage by （前程运输）	Place of Receipt （收货地点）	
Ocean Vessel （船名） Voy No.（航次）	Port of Loading （装货港） **Xingang China**	场站章
Port of Discharge （卸货港） **Osaka JAPAN**	Place of Delivery （交货地点）	Final Destination for the Merchant's Reference （目的地）

Container No. （集装箱号） N/M	Seal No. （封志号） Marks & Nos. （标记与号码）	No. of containers or P'kgs. （箱数或件数） 400 cartons 1×40'GP	Kind of Packages: Description of Goods （包装种类与货名） LADIES WEAR 5, 250SET AS PER SALES　CONFIRMATION: KL-02-001. CFR OSAKA OR KOBE Freight Prepaid	Gross Weight 毛重(公斤) 3600 KGS	Measurement 尺码(立方米) 45.2 m³

TOTAL NUMBER OF CONTAINERS OR PACKAGES (IN WORDS) 集装箱数或件数合计(大写)		TOTAL FOUR HUNDRED CARTONS ONLY				
FREIGHT & CHARGES （运费与附加费）	Revenue Tons （运费吨）	Rate （运费率）	Per （每）	Prepaid （运费预付）		Collect （到付）
Ex. Rate （兑换率）	Prepaid at （预付地点）		Payable at （到付地点）		Place of Issue （签发地点）	
	Total Prepaid （预付总额）		No. of Original B (s)/ L （正本提单份数）			

Tianjin Red Star Shipping Agency Co., Ltd. 所代理的船公司主要经营日韩航线和东南亚航线，船期表如下。

VESSEL	VOYAGE	ETD		ETA	
		TIANJIN	OSAKA	SINGAPORE	JEDDAH
OOCL AUSTRIA	0BE7HW1MA	23 – Sep	28 – Sep	1 – Oct	6 – Oct
CMA CGM COLUMBIA	02M7DW1MA	24 – Sep	29 – Sep	2 – Oct	13 – Oct
COSCO FAITH	0RE75W1MA	26 – Sep	1 – Oct	5 – Oct	10 – Oct
OOCL CONNECTICUT	0BE7JW1MA	30 – Sep	5 – Oct	9 – Oct	14 – Oct
THALASSA PISTIS	02M7FW1MA	1 – Oct	6 – Oct	11 – Oct	16 – Oct
COSCO KILIMANJARO	0RE77W1MA	3 – Oct	8 – Oct	13 – Oct	18 – Oct
OOCL CALIFORNIA	0BE7LW1MA	7 – Oct	12 – Oct	17 – Oct	22 – Oct
CMA CGM PRIDE	02M7HW1MA	8 – Oct	13 – Oct	18 – Oct	23 – Oct
COSCO GUANGZHOU	0RE79W1MA	10 – Oct	15 – Oct	20 – Oct	25 – Oct
OOCL NEW HAMPSHIRE	0BE7NW1MA	14 – Oct	18 – Oct	21 – Oct	27 – Oct
CMA CGM GLORY	02M7JW1MA	15 – Oct	20 – Oct	25 – Oct	31 – Oct
CSCL ZEEBRUGGE	0RE7BW1MA	17 – Oct	22 – Oct	27 – Oct	1 – Nov
RIO BARROW	02M7LW1MA	22 – Oct	27 – Oct	31 – Oct	5 – Nov

模块七　国际船舶代理综合服务

教学目标

知识目标

了解国际船舶代理综合服务业务范围；熟悉船员换班和遣返手续的办理程序及注意事项；熟悉船舶供应服务的业务流程及注意事项；掌握船员服务相关的基础英语知识。

技能目标

能够模拟办理船员换班、遣返、登录、就医等手续；能够模拟为船舶代办加油、加水手续，供应船舶备件服务，办理供应食品、物料等服务。

思政目标

提升学生在国际船舶代理工作中的文化自信及职业认同感，增强学生在遇到突发情况时的应急处理能力。

知识要点结构图

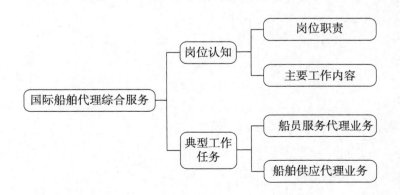

岗位认知

一、船舶代理综合服务岗位职责

（1）负责随时跟踪来港换班船员动态，为委托方提供包括船员遣返、登轮、就医、紧急救助、办理健康证等综合服务，满足委托方的需求。

（2）估算船员换班和遣返费用，发送委托方并催促委托方及时打款。

（3）根据委托方要求，选择合适的燃料与润滑油供应方。

（4）负责协助船舶进行加油、加水作业，协助接收船舶备件、联系伙食供应方并安排送船。

二、船舶代理综合服务岗位主要工作内容

（一）船员服务代理业务

船舶代理综合服务人员（以下简称综合服务人员）在收到国外或国内的船公司或船舶经营人以书面形式（电子邮件或传真）委托船舶代理公司为其即将来港作业的船舶办理船员服务后，为船员、船东代表、工程师等人员，提供交通、办理上下船手续、办理登轮证、办理随船工作证、就医等服务。

船员工作特殊，长时间离家在海上漂泊，如果不能及时换班，因船员疲劳和压力大而导致的潜在的重大海上事故就可能发生，这将给船舶安全带来巨大的隐患，也将进一步给全球产业链供应链安全带来一定影响。

（二）船舶供应服务业务

综合服务人员接到船舶加油、加水书面委托后，应及时办理相关业务。船舶，尤其是远洋船舶长期在海上航行，往往需要在挂靠港补充燃油、润滑油和淡水。一般船长会根据挂靠港以及船舶燃油、润滑油的剩余情况考虑是否加油。如果需要加油，则在船舶靠港前通知船舶管理公司，接到船舶管理公司的加油指示后，发送给船舶代理要求加油。

任务一　船员服务代理业务

任务导入

天津红星国际船舶代理有限公司日前接到巴拿马籍干散货船"征途"号在天津新港的委托代理业务。该轮总长 193.6 米，21600 净吨，预计于 2025 年 6 月 17 日抵达新港，并计划在天津新港更换船员，船员包含中国籍及外国籍船员。假设您是该公司的一名综合服务人员，请您严格按照边检机关的相关法规进行申报工作，为该船舶办理船员的换班手续。

任务分析

在接到委托方的船员换班请求后，综合服务人员应根据船舶在港停靠时间，判断能否接受在该港办理船员换班委托。

在办理船员换班手续时，需要结合船舶的运行特点、操作程序以及换班船员的职位工作等情况，进行细致的交接。最重要的，是安排合理的工作交接时间。如果船舶来该港进行加油、加水、供应备件等非装卸作业时，停靠该港的时间较短，则换班时间紧张。工作交接不充分可能对船舶的安全航行造成隐患，该种情况不宜更换船员。但若委托方由于某种原因坚持要办理船员换班时，船舶代理可根据船舶在锚地等泊时间的长短，派遣机动艇前往船舶等泊地点接送换班船员。

任务实施

一、了解船员职位

（一）船员职位等级及其主要工作内容

远洋船舶一般在万吨级以上，全船一般定员 19～24 人。船员分为高级船员和普通船员。其中高级船员分为管理级和操作级，普通船员又称支持级。

微课：船舶部门
及船员职位

1. **管理级**

（1）船长是船舶领导人，负责船舶安全运输生产和行政管理工作，对公司经理负责。其主要工作包括领导全体船员贯彻国家的方针政策、法令法规和公司下达的各项指示和规定；优质全面地完成运输生产和其他任务，最大限度地保障船舶和生命财产的安全以及使船舶正常航行和运货；严守国际公约和地区性规定，承担应尽的国际义务；遇到应急情况时果断而稳妥地处理各项事务。

（2）大副：主持甲板日常工作，协助船长做好安全生产和船舶航行工作，担任航行值班；主管货物装卸、运输和甲板部的保养工作；负责制定并组织实施甲板部各项工作计划；负责编制货物积载计划、维护保养计划；主持安全月活动和相关安全工作。

（3）轮机长：是全船机械、电力、电气设备的技术总负责人，全面负责轮机部的生产和行政管理工作；负责执行轮机部各项规章制度以使各种设备保持良好的状态。

（4）大管轮：在轮机长的领导下，参加机舱值班，维护机舱正常的工作秩序；主管推进装置及附加设备、锅炉以及润滑冷却、燃油、起动空气、超重动力和应急装置的使用和维护。

2. **操作级**

（1）二副：履行航行和停泊所规定的值班职责；主管驾驶设备包括航海仪器和操舵仪等的正确使用和日常维护；负责航海图书资料、通告及日常管理和更正工作，以及各种记录的登录。

（2）三副：履行航行和停泊所规定的值班职责；主管救生、消防设备的日常管理和维护。

（3）二管轮：履行值班职责，主管辅机及其附属系统、应急发电系统与燃油柜、驳运泵、分油机、空压机、油水分离设备和污油柜的使用和维护。

（4）三管轮：履行值班职责，主管副锅炉及其附属系统、各种水泵、甲板机械、应急设备和各种管系。

3. **支持级**

（1）水手长：在大副领导下，具体负责木匠和水手工作；做好锚、缆、装卸设备的养护维修工作；带领水手做好油漆、帆缆、高空、舷外、起重、操舵及其他船艺工作。

（2）木匠：执行木工及有关航次维修和保养工作；负责起锚机的操作和保养；负责淡水舱、压载舱及植物油舱的测量及维护。

（3）一水：执行操舵、航行值班职责；负责日常甲板部维护和保养。

（4）二水：执行带缆、收放舷梯和甲板部各种工艺工作。根据船舶的不同吨位，一般配置 1~3 名二水。

（5）机工：在轮机员的领导下，执行机炉舱和机械设备的检修、保养工作。大型船舶还会配置 1~2 名二机，辅助机工进行船舶机舱设备的检查和保养工作。

（6）服务员（俗称大台）：负责生活场所卫生、生活用品保养以及接待工作。

（7）厨师：负责船员的伙食。

（二）船员职位中英文对照

1. 甲板部（deck department）

船长 captain（master）

大副 chief officer

二副 second officer

三副 third officer

驾助 assistant officer

见习驾驶员 cadet

管事 purser

报务员 radio officer

水手长 boatswain（bosun）

一水、舵工 able bodied（AB）

二水 ordinary sailor/ordinary seaman（OS）

木匠 carpenter

2. 机舱部（engineroom department）

轮机长 chief engineer

大管轮 second engineer

二管轮 third engineer

三管轮 fourth engineer

轮机助理 assistant engineer

电机员 electrical engineer

机匠长 No.1 motorman

机匠、加油 motorman/oiler

冷藏员 refrigerating engineer

见习轮机员 assistant engineer

机舱实习生（学徒）engine cadet

钳工 fitter

3. **业务部**（steward department）

大厨 chief cook

二厨 second cook

餐厅服务员 mess boy

清洁工 wiper

大台服务员 cheef steward

小台服务员 steward

医生 doctor

二、认识船员证件

船员证件信息申报及管理是船代申报工作的重要内容之一，可以登录中华人民共和国海事局一网通办平台进行海员证件申请及办理。《1978年海员培训、发证和值班标准国际公约》（简称STCW公约）是专门规范船员考试、培训和发证的国际公约。该公约规定在海船上服务的高级船员和普通船员应持有适当的证书，并且船长和其他高级船员的证书应由发证的主管机关按规定的格式进行签证，以证明其认可该证书。一缔约国还可以通过签证的方式来认可其他缔约国签发或授权签发给船长和其他高级船员的证书。

（一）船员适任证书

船员适任证书（见图7-1），全称中华人民共和国海船船员适任证书，是在中国籍海船上任职的船员应当持有的有效的适任证书。其为在中国籍海船上任职的海员，在可以任职的职务、可以任职的船舶以及可以任职的航区的重要凭证。

在我国，船员适任证书的取得及使用要遵循《中华人民共和国海船船员适任考试和发证规则》的规定。

根据《中华人民共和国海船船员适任考试和发证规则》的规定，取得船员适任证书者应当具备下列条件：

（1）年满18周岁（在船实习、见习人员年满16周岁）且初次申请不超过60周岁；

（2）符合船员任职岗位健康要求；

（3）经过船员基本安全培训；

（4）通过相应的适任考试。

参加航行和轮机值班的船员还应当经过相应的船员适任培训、特殊培训，具备相

图7-1 船员适任证书

注：图片为扫描件，清晰度欠佳，仅供示意参考。

应的船员任职资历，并且任职表现和安全记录良好。

国际航行船舶的船员申请适任证书的，还应当通过船员专业外语考试。

（二）船员培训合格证书

船员培训合格证书（见图7-2）系指向海船船员签发的除《中华人民共和国船员条例》规定的适任证书以外，表明符合经修正的《1978年海员培训、发证和值班标准国际公约》等国际公约和国内法规相关要求的证明文件。

培训合格证书包括：

（1）基本安全培训合格证；

（2）精通救生艇筏和救助艇培训合格证；

（3）精通快速救助艇培训合格证；

（4）高级消防培训合格证；

（5）精通急救培训合格证；

（6）船上医护培训合格证；

（7）保安意识培训合格证；

中华人民共和国
海船船员培训合格证书
CERTIFICATE OF PROFICIENCY FOR SEAFARERS OF THE PEOPLE'S REPUBLIC OF CHINA

持证人姓名：
Full name of the holder:
国籍/Nationality:　中国　China
出生日期/Date of Birth:
性别/Gender:　男　Male
证书编号/Certificate No:
签发日期/Issued on:　2020年12月30日　30 Dec.2020

照片

持证人签名/Signature of the holder:

中华人民共和国政府证明，按照经修正的《1978年海员培训、发证和值班标准国际公约》的规定，持证人已完成相应的培训，业经考试、评估合格，取得下列合格证。
The Government of the People's Republic of China certifies that the lawful holder has completed relevant training courses,passed examination and assessment,and the following certificates of proficiency have been issued in accordance with the International Convention on Standards of Training,Certification and Watchkeeping for Seafarers,1978,as amended.

合格证名称 Title of the Certificate(s)	适用公约条 Clause	签发日期 Date of Issue	有效期至 Date of Expiry
精通急救培训 Training in medical first aid	VI/4,A-VI/4	2015年04月02日 2 Apr.2015	2048年12月06日 6 Dec.2048
船上医护培训 Training in medical care	VI/4,A-VI/4	2015年04月02日 2 Apr.2015	2048年12月06日 6 Dec.2048
保安意识培训 Security awareness training	VI/6,A-VI/6	2015年04月02日 2 Apr.2015	2048年12月06日 6 Dec.2048
负有指定保安职责船员培训 Seafarers with designated security duties	VI/6,A-VI/6	2015年04月02日 2 Apr.2015	2048年12月06日 6 Dec.2048
船舶保安员培训 Proficiency for ship security officer	VI/5,A-VI/5	2015年04月02日 2 Apr.2015	2048年12月06日 6 Dec.2048
基本安全培训 Basic training	VI/1,A-VI/1	2020年12月24日 24 Dec.2020	2025年12月24日 24 Dec.2025
精通救生艇筏和救助艇培训 Proficiency in Survival Craft and rescue boats other than fast rescue boats	VI/2,A-VI/2	2020年12月24日 24 Dec.2020	2025年12月24日 24 Dec.2025
高级消防培训 Training in advanced fire fighting	VI/3,A-VI/3	2020年12月25日 25 Dec.2020	2025年12月25日 25 Dec.2025
以下空白 Blank below			

编号

正式授权的官员签名/Signature of duly authorized official:
正式授权的官员姓名：
Name of duly authorized official:
授权签发机关（盖章）
Issuing Administration(Official Seal):　中华人民共和国天津海事局　Tianjin Maritime Safety Administration, the People's Republic of China
海事机构签注/Official Use Only:
按照经修正的STCW公约规则I/2第11段规定，当持证人在船上服务时，本证书原件须保存在船上。
The original of this certificate must be kept available in accordance with regulation I/2,paragraph 11 of the revised STCW Convention while its holder is serving on a ship.
证书查询网址/Online verification:http://www.msa.gov.cn

图 7－2　船员培训合格证书

注：图片为扫描件，清晰度欠佳，仅供示意参考。

（8）负有指定保安职责船员培训合格证；

（9）船舶保安员培训合格证；

（10）油船和化学品船货物操作基本培训合格证；

（11）油船货物操作高级培训合格证；

（12）化学品船货物操作高级培训合格证；

（13）液化气船货物操作基本培训合格证；

（14）液化气船货物操作高级培训合格证；

（15）客船船员特殊培训合格证；

（16）大型船舶操纵特殊培训合格证；

（17）高速船船员特殊培训合格证；

（18）船舶装载散装固体危险和有害物质作业船员特殊培训合格证；

（19）船舶装载包装危险和有害物质作业船员特殊培训合格证；

（20）使用气体或者其他低闪点燃料船舶船员基本培训合格证；

（21）使用气体或者其他低闪点燃料船舶船员高级培训合格证；

（22）极地水域船舶操作船员基本培训合格证；

（23）极地水域船舶操作船员高级培训合格证；

（24）我国缔结或加入的有关国际公约规定的其他培训合格证。

上述第（1）至第（4）项，第（10）至第（15）项和第（20）至第（23）项规定的培训合格证有效期不超过5年；第（17）项规定的培训合格证有效期不超过2年。海事管理机构签发的海员培训合格证书有效期截止日期，不得超过持证人65周岁生日。

（三）船员服务簿

船员服务簿是船员的职业身份证件，任何单位或者个人不得冒用、出租、出借、伪造、变造或者买卖。船员在船工作期间应当携带船员服务簿。

船员服务簿应当载明船员的姓名、性别、国籍、出生日期、住所、联系人、联系方式以及其他有关事项。海事管理机构应当在船员服务簿中记载船员的安全记录、累计记分情况和违法情况。

船员上船任职后和离船解职前，应当主动将船员服务簿提交船长办理船员任职、解职签注。船长应当为本船船员办理船员任职、解职签注，并在船员服务簿中及时、如实记载其服务资历和任职表现。

船长的任职签注由离任船长负责签注，船长的解职签注由接任船长负责签注。

因船舶新投入运行、报废等特殊情况无离任或者接任船长时，船长的任职、解职，在境内由船舶靠泊地海事管理机构签注；在境外由船长本人签注。

（四）海员证

中华人民共和国海员证（简称海员证）（见图7-3）是中国籍海员出入中国国境和在境外使用的有效身份证件。它表明持证人具有中华人民共和国国籍，其职业为船员。

各国法律大都规定外国公民及本国公民进出本国国境时，均须持有效的身份证件，通常，这种有效的身份证件即为护照。我国航行国际航线的船员必须持有中华人民共和国海员证。《中华人民共和国护照法》规定："公民以海员身份出入国境和在国外船舶上从事工作的，应当向交通运输部委托的海事管理机构申请中华人民共和国海员证。"《中华人民共和国海商法》《中华人民共和国海员证管理办法》等也都做了类似的规定。

海员证颁发给在航行国际航线的中国籍船舶上工作的中国海员和由国内有关部门派往外国籍船舶上工作的中国海员。中国籍海员持海员证出境后，不得有危害祖国安全、有损祖国荣誉和利益的行为，不得从事海员身份以外的活动。

我国交通运输部海事局负责统一管理海员证申请、签发和使用工作。交通运输部海事局指定并公布的海事管理机构具体负责海员证申请、签发和使用管理工作。海员证的有效期不超过5年。因公临时随船人员的海员证有效期不超过2年。

海员证的签证页已签满，可直接到海事管理机构申请换发，并提交海员证申请表和需换发的海员证。补发或换发海员证的有效期限不得超过原海员证的有效期限。海员证有效期不足12个月的可以重新申请签发。海员证有效期届满前12个月，可由原申办单位申请再次办理。

有效期为2年及以上期限的海员证如在境外到期，持证人可凭其原海员证和所在船舶的船长出具的证明，向就近的我国驻外使馆、领馆申请海员证有效期的延期。海员证只允许办理一次有效期的延期，延长期限不得超过1年。

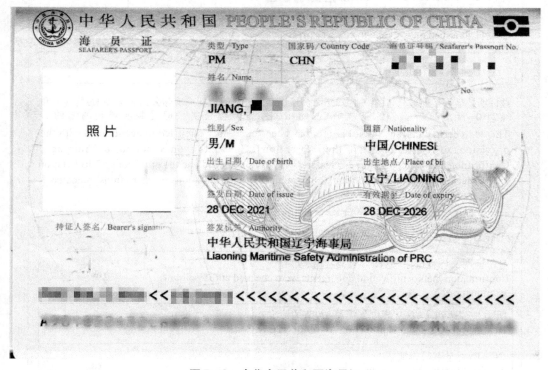

图7-3　中华人民共和国海员证

（五）海船船员健康证明

根据《中华人民共和国船员条例》和相关国际公约，交通运输部海事局制定了《中华人民共和国海船船员健康证明管理办法》。该办法中所称的海船船员健康证明（见图7-4）是指用以表明海船船员身体状况符合船员任职岗位健康要求的职业医学证明。海船船员在船工作期间应持有有效的健康证明。

中华人民共和国
海船船员健康证明
MEDICAL CERTIFICATE FOR SEAFARERS OF
THE PEOPLE'S REPUBLIC OF CHINA

持证人姓名：
Full name of the holder：

国籍/Nationality：　　　　　菲律宾　　　　Philippines

出生日期/Date of Birth：

性别/Gender：　　　　　　　男　　Male

部门/Department：　　　　　甲板,海上无线电　Deck, Radio communication.

证书编号/Certificate No.：　MHE2

有效期至/Date of Expiry：　2026年8月28日　　28 Aug. 2026

签发日期/Issued on：　　　2024年8月28日　　28 Aug. 2024

照片

持证人签名/Signature of the holder：

兹证明持证人按照经修正的《1978年海员培训、发证和值班标准国际公约》规则1/9的规定和《2006年海事劳工公约》规则1.2的相关规定体检合格，但受载明限制的制约。

This is to certify that the lawful holder has been found duly qualified in accordance with the provisions of regulation 1/9 of the International Convention on Standards of Training, Certification and Watchkeeping for Seafarers,1978, as amended and the provisions of Regulation 1.2 of Maritime Labour Convention, 2006, subject to any limitations or restrictions indicated.

主检医师声明：
Declaration of the recognized medical practitioner：

身份证明文件在健康检查时是否经过核实： Confirmation that identification documents were checked at the point of examination?	Yes
听力是否达到《STCW规则》第A–1/9节的标准？ Hearing meets standards in section A–1/9 of STCW Code?	Yes
裸耳听力是否符合要求？ Unaided hearing satisfactory?	Yes
视敏度是否达到《STCW规则》第A–1/9节的标准？ Visual acuity meets standards in section A –1/9 of STCW Code?	Yes
辨色力是否达到《STCW规则》第A–1/9节的标准？ Colour vision meets standards in section A-1/9 of STCW Code?	Yes

N01501731

图 7－4　海船船员健康证明

上一次辨色力测试日期 Date of last colour vision test.	2024年8月28日 28 Aug. 2024
是否适合承担了望职责？ Fit for look-out duties?	Yes
海员是否不存在下列身体状况：由于海上服务而使健康恶化，或可能使海员不适合该服务，或使其他船上人员的健康受到危害？ Is the seafarer free from any medical condition likely to be aggravated by service at sea or to render the seafarer unfit for such service or to endanger the health of other persons on board?	Yes
对适于职责有无限制？若有限制，具体说明何种限制。 Any limitations or restrictions on fitness? If "Y", specify limitations or restrictions. No	

授权机关：　　　　　中华人民共和国浙江海事局
Authorizing authority：　Zhejiang Maritime Safety Administration, the People's Republic of China

主检医师签名/Signature of the recognized medical practitioner：

主检医师姓名：
Name of the recognized medical practitioner：

签发机构（印章）：　　舟山广安医院
Issuing Authority（Seal）：Zhoushan Guang'an Hospital

按照经修正的STCW公约规则1/2第11段规定，当持证人在船上服务时，本证书原件须保存在船上。
The original of this certificate must be kept available in accordance with regulation 1/2, paragraph 11 of the revised STCW Convention while its holder is serving on a ship.

若在航行中健康证书有效期期满，则本健康证书在到达下一个有缔约方认可的从业医生的停靠港之前仍然有效，但为期不得超过3个月。
If the period of validity of a medical certificate expires in the course of a voyage, then the medical certificate shall continue in force until the next port of call where a medical practitioner recognized by the Party is available, provided that the period shall not exceed three months.

证书查询网址/Online vetification:http://www.msa.gov.cn

图 7 - 4　海船船员健康证明（续）

按照《中华人民共和国海上交通安全法》第十三条规定，中国籍船员应当依照有关船员管理的法律、行政法规的规定向海事管理机构申请取得船员适任证书，并取得健康证明。第九十七条规定，在船舶上工作未持有船员适任证书、船员健康证明或者所持船员适任证书、健康证明不符合要求的，由海事管理机构对船舶的所有人、经营人或者管理人处一万元以上十万元以下的罚款，对责任船员处三千元以上三万元以下的罚款；情节严重的，暂扣责任船员的船员适任证书六个月至十二个月，直至吊销船员适任证书。

三、办理船员服务业务

（一）办理船员换班

1. 接受委托

综合服务人员接到委托方的船员换班申请后，根据船舶在港停靠时间，判断是否接受在该港办理船员换班委托。船员换班申请表如图7-5所示。

2. 索要船员信息和证书

接受委托方的申请后，向委托方索要换班船员资料或复印件（以便向海关申报），核查上、下船船员证件有效性。

船员资料包括船员信息和证件。船员信息包括船员姓名、国籍、职务；船员证件包括船员的海员证、船员适任证书和健康证明等，即将上船船员需保证船员证件均在有效期内（实际操作中有效期需保持6个月以上）才可上船换班；下船船员证件若已过期，在根据相关规定接受延期惩罚手续后，才可下船。

3. 跟踪动态

根据船舶到港时间及在港停靠时间，掌握上船换班船员抵达港口的时间以及交通工具情况，询问是否需要接站及安排住宿。

4. 发送船员邀请函

若船员前往远洋轮工作，需持有该国海事局签发的出境证明。而出境证明需要船东的邀请函。由于出境证明具有一个月的时效性，综合服务人员需及时给船员管理公司发送邀请函，船员管理公司凭借该邀请函办理船员的出境证明，船员持出境证明登轮工作。

5. 根据委托方的换班请求，估算船舶换班费用，发送邮件并索汇

在接受船员接班和遣返委托时，必须明确船员接班和遣返的费用由谁承担。一般情况下，船员接班和遣返的费用是由船东承担的。在船东不是委托方的情况下，必须向委托方索汇有关费用，收齐有关的票据后，单独制成账单寄给委托方。

船员换班费用一般包括代理费用、船员换班费用（按人次计费）、陆上交通费、机动艇费用、通信费、办理签证费用等。

呈 　　　边防检查站　　　　　　日期：　年　月　日
TO：　　　　　　　　　　　　　　DATE：

船员换班申请表
APPLICATION FORM FOR CREW CHANGING

☐ 　上船（ON-SIGN）
☐ 　下船（OFF-SIGN）

亲爱的先生们，
DEAR SIRS,

我们非常荣幸地通知您：我船共有＿＿名船员将在贵港换班（上船/下船），他们均持有有关当局所签发之合法/有效证件，细节如下。

WE ARE PLEASED TO ADVISE YOU THAT THERE ARE ＿＿＿ CREW MEMBERS WILL SIGN (ON/OFF) MY VESSEL, AND ALL OF THEM HOLD LEGAL/VALID IDENTIFICATION CERTIFICATE.

序号 NO.	姓名 NAME	国籍 NATIONALITY	职务 RANK	海员证/护照号码 SEAMAN'S BOOK NUMBER	出生日期 DATE OF BIRTH

我们确认（接受/遣返）上述持有相关手续的船员。

WE HEREBY CONFIRM TO (EMBARK/DISEMBARK) THE CREW MEMBERS WITH CONCERNED LICENCES.

特此恳请贵站在我轮停泊天津期间能够为他们办理相应手续。

KINDLY PLEASE GRANT PERMISSION TO ALLOW THEM (EMBARK/DISEMBARK) AND CLEAR THE CONCERNED FORMALITIES DURING MY VESSEL STAY IN TIANJIN.

此致
REGARDS.

_____
MASTER OF M/V SUPER STAR

图 7-5　船员换班申请表

6. 跟踪换班船员动态

根据船期，紧密跟踪换班船员来港动态。在换班船员到港后，及时协助船员向边检机关递交资料并办理登轮手续。

7. 安排船员上、下船

掌握船员接班的总体安排，及时告知船长，船长通知下船船员提前做工作交接准备，以免耽误换班的正常进行，避免影响船舶船期。

8. 安排下船船员行程

根据委托方的请求，安排下船换班人员的行程；根据下船船员离港时间，订购回程机票；根据下船船员要求，安排住宿。

9. 及时反馈

委办的船员接班事项完成后，综合服务人员应及时向船东汇报办理情况和安排结果。

（二）船员遣返

船员在受雇用期间或在受雇用期满时，享有被送回本国或其受雇用的港口或船舶开航的港口的权利。船代为船员办理遣返的工作流程如下。

1. 接受船员遣返委托

委托方可以是船东、船或船舶经营人。船员在船工作期间，有下列情形之一的，可以要求遣返：

（1）船员的劳动合同终止或者依法解除的；

（2）船员不具备履行船上岗位职责能力的；

（3）船舶灭失的；

（4）未经船员同意，船舶驶往战区、疫区的；

（5）由于破产、变卖船舶、改变船舶登记或者其他原因，船员用人单位、船舶所有人不能继续履行对船员的法定或者约定义务的。

2. 索要遣返船员有关信息

有关信息除船员基本信息和船员证件外，还需明确船员遣返地点、国家及遣返日期，遣返船员机票订购要求和其他要求等。船员遣返的地点可以是船员接受招用的地点或者上船任职的地点，船员的居住地、户籍所在地或者船籍登记国，船员与船员用人单位或者船舶所有人约定的地点。

3. 估算船员遣返费用，发送邮件并索汇

遣返费用包括船员乘坐交通工具的费用、旅途中合理的食宿及医疗费用和 30 千克行李的运输费用。通常情况下，通过合适而快速的工具安排船员遣返应是船东的责任，一般的运送方式应为空运。相应的船员遣返费用也应由船东负担。船东不得在船员开始受雇时要求其预付遣返费用，也不得从船员的工资或其他权利中收取遣返费用；但是如果船员根据国家法律或条例或其他措施或适用的集体谈判协议被视为因严重失职而被遣返的，则船东保留向该船员收取遣返费用或部分遣返费用的权利。

4. 办理遣返船员的签证

签证是一个国家主管机关在外国公民所持有的护照上签注、盖章，表示准其出入本国国境。签证根据出入境情况可分为出境签证、入境签证、入出境签证、出入境签证和过境签证。按照国际惯例，如无特殊限制，一国公民只要持有有效护照、前往国入境签证或联成机票，途径国家均应发给过境签证。对取道办理签证国家或口岸签证国家，则需持有前往国邀请函或口岸签证批准证件，方可申请改过的过境签证。去互免签国家，不必签证。海员证可作为身份证明的有效文件。

5. 办理下船手续

索要遣返船员的资料，前往海事局办理船员下船手续。

6. 安排船员遣返行程

安排船员遣返行程时，应确保所有相关手续和交通安排已妥善落实。

7. 及时反馈

委办的船员遣返事项完成后，船代应及时向船东汇报办理情况和安排结果。

（三）船员登陆

《中华人民共和国出境入境边防检查条例》规定，抵达中华人民共和国口岸的船舶的外国籍船员及其随行家属和香港、澳门、台湾船员及其随行家属，要求在港口城市登陆、住宿的，应当由船长或者其代理人向边防检查站申请办理登陆、住宿手续。经批准登陆、住宿的船员及其随行家属，必须按照规定的时间返回船舶。登陆后有违法行为，尚未构成犯罪的，责令立即返回船舶，并不得再次登陆。从事国际航行船舶上的中国船员，凭本人的出境、入境证件登陆、住宿。

船舶抵港后，如有船员需登陆和住宿的，综合服务人员应协助船方向边防检查站申请办理登陆、住宿手续。如果船方有安排交通工具等其他要求的，综合服务人员视其合理性和落实费用后应尽可能地满足。综合服务人员申办船员登陆证的相关材料如下：

（1）船方提出并填写的"船员登陆申请表"；

（2）船员护照或海员证；

（3）边防检查站认为办理船员登陆证需提供的其他材料。

（四）船员家属探亲

船舶抵港后，若船员家属欲上船探亲，需由船代带领船员家属及其相关证件到边防检查机关办理登轮许可证（见图7-6）后，方可上船探亲。

登轮许可证			注意事项
临时/长期		NO.	1.持证人员应自觉接受边防检查人员的查验和管理。
姓　　名		照片	2.如果登轮许可证未贴照片，则应与本人身份证件同时使用。
职　　务			
性　　别			3.持证人应严格遵守登外轮人员守则，严守国际机密，遵守涉外纪律，自觉维护国家声誉和民族尊严。
出生日期			
单　　位			
所属船舶			4.上、下外轮时，不得携带违禁物品，工作完毕后应立即离船。
有　效　期	自　　　　　至		
签发机关（盖章）　　签发日期			5.此证不得毁坏、涂改或转借他人，如有遗失应即向发证机关报告。
			6.此证到期或不再登轮时，应交回发证机关。

图7-6　登轮许可证

德润匠心

以人为本——洋山边检简化登轮手续实现"一次都不用跑"

随着智慧警务建设，中国籍船员家属到边检窗口的次数，从每次都要来，到只需跑一次，到一次都不用跑，办证手续经历了三次升级。针对船员家属登外轮试行"一次都不用跑"新措施，受到船员和家属们的一致好评。

洋山深水港作为上海唯一的、长三角地区为数不多的能够靠泊超大型集装箱船舶的港口，是上海打造国际航运中心的核心工程，也是上海连通世界的重要门户。近年来，各大船公司为降低航运成本、提升竞争力，纷纷开始运营大型船舶，中国籍船员人数也不断增加。中远海运在洋山港的航线以欧洲、美洲等远洋航线为主，中国籍船员往往一上船就很长时间回不了家。在船舶靠港的不到24小时里，船员家属会亲等登轮业务的办理呈现出短时间、高密度的特点，春节、中秋节、国庆节等节假日尤甚。

洋山边防检查站立足洋山港东北亚枢纽港的地位作用，不断将"放管服"改革推深做实，简化申办手续，优化审批流程，强化事中和事后监管。现在船员家属只要向船公司提出探亲需求，船公司、代理公司、边检机关之间就进入了电子登轮证办理流程，船公司将信息通报给代理公司，代理人员通过中国（上海）国际贸易单一窗口向边检机关申请，边检机关在后台审核身份无误后签发电子登轮证。持电子登轮证的船员家属通过港区卡口的人证同一性查验，就可以直接登轮会亲。后台管得住，前端放得开，实现了数据多跑腿，船员家属"一次都不用跑"。

（五）船员就医

如果发现船员需要就医的，综合服务人员或外勤应先了解船员是否有下列疑似传染病症状：

（1）有无高热或连续数日发热或发热并伴有淋巴腺肿的病例；

（2）有无腹泻或腹泻伴有虚脱症状的病例；

（3）有无黄疸并伴有发热的病例；

（4）有无急性皮疹或伴有发热的皮疹，或者没有发热的皮疹病例。

如果有上述病例和症状的，应及时通知卫检，未经过检疫官的同意，不得擅自将船员接下船就医。如果没有上述病例和症状的，外勤应请船长出具就医申请。综合服务人员或外勤按约定时间带患病船员前往医院进行治疗，及时安排就医；在就医结束后，应将医生诊断书交船方。如遇特殊病情，船员需要驻留医院治疗的，在征得船长或委托方的同意后方可办理，并通知财务部，落实相关费用。

如果船上有急需治疗的船员或船舶抵港的目的就是将生病的船员或其他人员送上岸进行医疗急救，综合服务人员或外勤必须寻求各检查机关的合作，使急需治疗的人员在船舶抵港后能够立即得到治疗，也就是先安排急需治疗的人员下船，然后再办理有关手续。如果船舶引航锚地因气候的原因或其他原因使船舶不能进港时，综合服务人员或外勤视情况还需安排交通工具到引航锚地接急需治疗的人员。

如船员伤势较重、情况危急，船代综合服务人员或外勤在接到委托方的书面或口头委托后，可替其支付医疗费用，但此情况一般建立在船东较好的信誉之上。

德润匠心

用心护"心"——镇江外代紧急救助患病船员

镇江外代突然接到"XC"轮船长来电，称次日计划换班下船的某印度籍船员突感心脏不适，亟需送医。基于多年的船员救助经验，该公司迅速启动应急预案，组建了救援小组，第一时间拨打120，同时向相关口岸监管单位进行汇报，申请协同救助。

在医院做相关检查后，医生告知该船员是心肌梗死，需要立刻进行心脏支架手术，且需船员本人、家属、船东公司三方同意。情势危急，救援小组立刻"兵分三路"与三方联系说明情况，在征得三方同意的第一时间与医院沟通立即手术。在术后留院观察期间，镇江外代派外勤日日探望，密切关注船员身体恢复情况。一周后，该船员的身体状况已经稳定，镇江外代为其预订机票并安全送上飞机。

从码头到医院、从各项检查到治疗、从下船到归国，外勤全程陪同，救助及时高效，彰显了央企责任担当和人文关怀，得到了船员和船东的高度认可。该船员抵达印度后，特向镇江外代致电再次感谢公司的紧急救助和人性化服务。

（六）船员死亡

一旦死亡事件在船上发生，会对船员造成很大的心理压力，无论是因疾病死亡还是因事故死亡，尽快将遗体带离船舶是头等重要的事情。如死亡是由于事故而造成的，保赔协会还会询问并协助船东安排给船上的船员进行心理治疗和疏导。遗体如想从船舶上卸下，除了办理正常的进港手续，一些额外的手续必须办理。大多数情况下，卫检在排除传染性疾病后会允许遗体下船。

根据《中华人民共和国国境卫生检疫法实施细则》第七条，在国境口岸以及停留在该场所的入境、出境交通工具上，所有非因意外伤害而死亡并死因不明的尸体，必须经卫生检疫机关查验，并签发尸体移运许可证后，方准移运。同时，根据海关总署的通知，该移动许可证交给海关后，即可放行。另外，船员通常还有随船的个人物品，这些物品如要下船仍需向海关进行申报，经检查后放行。在实践中，有时候个人物品会由其他船员在下船时协助带回国。

（1）获悉船员死亡后，船舶代理应及时将船名以及死亡船员的姓名、性别、年龄、国籍、死亡原因等报告委托方。

（2）船舶代理应报告卫生检疫、边防检查站等相关方有关情况，并由上述机构安排法医、出具死亡证明书等。

（3）根据委托方要求，充分考虑和尊重各国风俗习惯，根据相关决定，安排尸体火化或将尸体运回。

知识卡片

STCW 公约

STCW 公约，即《1978 年海员培训、发证和值班标准国际公约》（International Convention on Standards of Training, Certification and Watchkeeping for Seafarers, 1978）。

STCW 公约是国际航运法规"四大支柱公约"之一，旨在为国际航运提供一套国际认可、高水平的海员培训、发证和值班标准。

国际海事组织于 1978 年 6 月 14 日至 7 月 7 日在伦敦召开了外交大会，制定并通过了《1978 年海员培训、发证和值班标准国际公约》。该公约于 1984 年 4 月 28 日生效。我国于 1981 年 6 月 8 日加入该公约，根据公约规定，该公约于 1984 年 4 月 28 日起开始对我国生效。

STCW 公约是第一个从国际层面上对海员建立培训、发证和值班基本要求的公约。在此之前，高级船员和普通船员的培训、发证和值班标准均由各国政府制定，并且通常情况下并不会参考其他国家的做法，因此，尽管航运业在所有行业中最具国际化，但各国所采用的标准和程序大相径庭。STCW 公约建立了海员培训、发证和值班最低的国际标准，加强了海上人命、财产安全和海洋环境保护。

随着船上新型智能、绿色技术的应用越来越普遍，航运业对人才的要求也越来越高。《1978 年海员培训、发证和值班标准国际公约》自 2010 年马尼拉修正案通过后已过去十多年。按照"每十年进行一次全面回顾"的决议规定，IMO 海上安全委员会决定对 STCW 公约进行全面回顾和修订。IMO 人的因素、培训和值班分委会（HTW）于 2023 年已着手 STCW 公约的审查工作。

任务二　船舶供应代理业务

任务导入

巴拿马籍干散货船"征途"号预计于 2023 年 6 月 17 日抵达天津新港，并计划在天津新港装卸货，委托天津红星国际船舶代理有限公司代理船舶进出港有关业务。作为该公司的一名综合业务人员，请您按照船方委托，为"征途"号代办加油、加水、船舶备件供应以及伙食供应等业务。

任务分析

综合业务人员在为船舶提供供应服务时，应区分是委托方有供应需求，还是船员个人有供应需求。如果是委托方需要，综合业务人员应先取得委托方的书面委托，然后在索汇备用金后，安排供应服务。如果是船员个人需要，则需要船员以现金支付款项。

任务实施

所谓船舶供应，就是给船舶供应所需的物资。一般需要供应的物资包括：船舶燃油、润滑油、淡水；船舶备件配件、垫舱物料、船图、海图、化工产品等；船舶主、副食品、烟酒饮料等。常见的船舶供应服务项目可分为以下几类。

一、船舶供油供水

综合业务人员接到船舶加油、加水书面委托后，应及时办理相关手续，并在港口现场做好协调配合，工作程序如下。

（1）如果获悉船舶需要加油，综合服务人员应事先向海关申报，申报的内容包括加油时间、地点、加油船舶名称、国籍、航线、加油数量和种类。

（2）根据船舶到港以及在港时间，与船长制订加油计划。根据船舶在港情况，可选择在泊位或锚地进行加油。

（3）根据船方要求，联系供油商，确定加油量以及加油时间。

（4）预估加油费用，并催促船方尽快打款。

（5）向海事局申报供油作业申请，等待批复。从事供油作业的船舶，应在作业之前提前24小时，直接或通过综合服务人员向海事局办理申报手续，经批准后，方可进行船舶供油作业，申报的内容应包括：船舶供油作业申请书，受油船委托书或相关协议等，或者备案单位船舶应在作业之前提前2小时，直接或通过综合服务人员以传真形式向辖区海事处办理申报手续，申报内容包括供油船舶船名、供油地点、受油船舶船名、船舶识别号或国际海事组织编号、供油品种及数量、供油预计起始时间等情况。

（6）监控船舶加油，防止加油过程中出现原油泄漏等意外事故。

德润匠心

纾困解难——日照外代成功协助船舶完成紧急供油获赞誉

近日，日照外代凭借丰富的操作经验，成功协助某轮完成紧急供油。其专业的服务保障了船期，为船东避免了巨额的违约费用，得到船东的高度认可。

该轮原计划卸货完毕后到附近港口装货，并没有在本港安排加油的计划。但在卸货过程中，船务部接到船东紧急邮件，该轮下航次计划变更，燃油不足，希望日照外代协助船方在本港完成临时加油。此时卸货进行至一半，在港剩余时间不多，船务部立刻和加油商取得联系，紧急协调安排在当晚进行燃油加注。正当各项工作有条不紊进行时，突发大雾，加油船因大雾封航无法按原计划进港加油。若该轮不能在离港前完成加油，将不得不绕航至其他便利港口加油，不仅增加大量的绕航成本，而且延误执行下个航次受载日期，船东将面临巨额的违约费用。

事态紧急，船务部当即成立专项服务小组，向港调、装卸公司、引航站等相关口岸单位汇报沟通该轮情况，同时根据后续天气预报及船舶卸货进度，综合研判解封后航道情况及第一时间安排加油的可行性。在口岸相关单位的大力支持下，加油船在解封后的第一时间进港，顺利完成供油，未耽误船舶按计划离港，也没有产生额外的费用。船方对此次日照外代船务部的紧急协助表示高度赞扬，并表示后续将加深业务合作。

二、船舶物料及伙食供应

船舶航行时间较长，开航前需要在港口储备足够的船舶物料以及到下一挂靠港之前所需的食品、烟酒饮料等。

船舶物料种类繁多，一般包括：黑白金属（各种型钢、钢板、无缝钢管、接缝钢管、镀锌钢管、优质碳素钢材、合金钢材等）；有色金属（有色金属原材及合金、紫铜材、黄铜材、青铜材和铅、铝、锌材等）；金属制品（各种阀门、管接头、螺栓、垫圈、开口销、焊接材料和其他金属制品等）；化学品（各种化学原料、试剂、油漆、清洁剂等）；电工材料；各种工具；仪器仪表；安全设备、劳保用品；垫料、橡胶及纤维品；各种杂品。

船舶食品包括主、副食品，烟、酒、饮料等。委托方会在船舶到港前委托船代采购船舶食品以及船舶物料。船舶代理人除关心合理报价外，还需注意商品质量和数量情况，做到价格和质量相符，并且要求并跟踪供应方按约定的时间交货，不耽误开船时间。一般工作程序如下：

（1）收到委托方或船长的物料及伙食供应申请后，根据船方的采购计划，联系外供公司（船用物料、伙食供应商）；

（2）根据船舶靠港计划，安排物料及伙食上船的供应时间；

（3）严格监控伙食的质量，伙食到港后核对伙食的数量；

（4）跟踪船舶物料及伙食供应时间，不得耽误船期。

三、交付船舶备件

为保证船舶适航性和航行安全，船舶上需保持适当量的船舶的主要备件，包括船舶维修保养体系定期更换的主推进装置及辅助设备易损件，以及不可预料的备件消耗。船上适量的备件库存，可减少停航时间，但备件数量过多则需占用大量的资金和空间。在正常情况下，一艘远洋船舶备有大约4000件价值60万美元的备件。因此，根据船舶的航线挂靠计划，船东一般会委托船舶代理人将船舶所需备件送上船。

对于船上备件，一般情况是船方自己订购。对于国内供应方，如果备件的供应方是本港口的单位，一般供应方自己送上船舶，船舶代理人做好协调和配合工作即可；如果备件的供应方是国内其他地区的单位，可通过邮寄的方式，由船舶代理人签收，代供应方送上船。对于国外的备件供应方，船舶代理人到货的备件送上船之前，需要办好备件保管手续，一般需要船方提供备件的空运单、商业发票和装货清单。如备件是从美国、日本运来，办理手续时还需提供正本的非木质包装证明。收到备件到货通知后，船舶代理人应及时签收并送上船。

知识卡片

船舶物料

船舶物料按照船舶的部门分为以下六种。

（1）甲板物料

甲板物料包括船员保护设备、航海图表、记录纸、打印纸、出版物和标牌、软管、接头、船用阀门、空气帽、溢油应急设备、GMDSS、舱口密封带、高压甲板清洁设备、ISPS仓库、管道、弯头、三通、法兰等。

（2）客舱物料

客舱物料包括各种生活用品，如卫生纸、洗涤剂和清洁材料、盥洗室设备、娱乐用品、餐具和厨房用具、餐巾纸、厨房纸巾、擦手纸、刷子和垫子、锁具等。

（3）安全物料

安全物料包括救生筏、救生衣和救生圈、呼吸装置、救生艇配件、烟火信号、组合烟灯、灭火器、气体探测器和备件、消防和潜水服等。

（4）轮机物料

轮机物料通常包括黏合剂和润滑剂、防爆手灯、润滑油和液压油、轴承、密封件和三角皮带、冷热焊接设备、橡胶板、无石棉包装和接头等。

（5）电气物料

电气物料包括灯泡、导航和探照灯、冰箱、洗衣机、研磨机、插头、插座、警报器和喇叭、铅酸电池和充电器、电缆、开关和面板等。

（6）化学品物料

化学品物料包括锅炉水处理化学品、空气冷却器清洁剂、储罐清洁化学品、溢油分散剂、燃油处理化学品等。

此外，还有一些单列的船舶物料，如船用油漆和配件（耐热涂料、滚筒和平刷、防滑、面漆、特种涂料、无气喷涂机和备件等）；硬件和工具（手动工具、测量工具、焊接设备、螺栓和螺母、切削工具等）；绳索和起重工具（系泊缆绳、镀锌钢丝绳、钩子、链条、杆、起重吊索和绳网、钩环等）。

拓展练习

参考答案

一、单项选择题

1. 海员出境证明系指我国海员在免办前往国家（地区）入境签证的情况下出境时，向（　　）申请验放的必备证明文书。

　　A. 边防检查机关　　　　B. 海事管理机构　　　　C. 海关　　　　D. 卫生检疫机关

2. 持证人遗失或者损坏海员证，可由（　　）向原签发海员证的海事机构申请补发。

　　A. 原申办单位　　　　　　　　　　　　B. 船代公司

　　C. 原申办单位的主管机关　　　　　　　D. 持证人本人

3. 作为全船机械、电力、电气设备的技术总负责人，全面负责轮机部的生产和行政管理工作的是（　　）。

　　A. 船长　　　　　　　B. 轮机长　　　　　C. 大副　　　　　D. 水手

4. 海员证的有效期最长不超过（　　）年。

　　A. 2　　　　　　　　　B. 3　　　　　　　　C. 4　　　　　　　D. 5

5. 专门规范船员考试、培训和发证的国际公约为（　　）。

　　A. SOLAS 公约　　　　　　　　　　　　B. STCW 公约

　　C. MARPOL 公约　　　　　　　　　　　D. ILO 公约

6. （　　）是国际航线船舶上的中国籍海员出入中国国境和在境外通行时所使用的有效身份证件，具有护照的性质，证明合法持有人具有中华人民共和国国籍和当时的职业身份为国际航行船舶上的船员。

　　A. 船员适任证书　　　B. 护照　　　　　　C. 海员证　　　　D. 船员服务簿

7. 我国实施 STCW 公约的主管机关是（　　）。

　　A. 船检局　　　　　　B. 海事局　　　　　C. 船级社　　　　D. 技术监督局

8. （　　）不属于甲板部的所需物料。

A. 船员保护设备　　　　　　　　　　　　B. 航海图表

C. 消防服和潜水服　　　　　　　　　　　D. 舱口密封带

9. 轮机部所需燃润料、物料和备品在与船长协商后，由（　　）决定。

A. 船长决定　　　　　　　　　　　　　　B. 轮机长决定

C. 大管轮决定　　　　　　　　　　　　　D. 轮机长和大管轮共同决定

10. 按岗位责任制，（　　）不参加轮机部的安全值班工作。

A. 大管轮　　　　　B. 二管轮　　　　　C. 三管轮　　　D. 轮机长

二、判断题

1. 船长管理船舶和驾驶船舶的责任可因引航员引领船舶而解除。（　　）

2. 根据《船舶最低配员规则》：无论何时，500 总吨以上海船、600 总吨及以上内河船舶的中、外国籍船舶的船长和大副、轮机长和大管轮不得同时离船。（　　）

3. 只有持有合格职务证书的船员，才准许在船上担任相应的职务。（　　）

4. 船代如果获悉船舶需要加油，应事先向海关申报，申报的内容包括加油时间、地点、加油船舶名称、国际、航线、加油数量和种类。（　　）

5. 船舶抵港后，若船员家属欲上船探亲，需由船代带领船员家属及其相关证件到海事机构办理登轮许可证。（　　）

三、翻译题

1. Upon receipt of the application from entrusting party for replacement of crew members, in order to declare to the Customs, the ship's agent should ask the captain for information or photocopies of the crew members.

2. Before the refueling operation, the oil barge should apply to the Marine Department for declaration formalities through the ship's agent, and the ship's refueling operation may be carried out after approval.

四、实训项目

假如您是 Tianjin Red Star Shipping Agency Co., Ltd. 的综合服务人员，请结合实训

素材，办理船员换班手续。

（一）实训要点

实训任务	船员换班情景模拟
实训目标	通过模拟办理船员换班手续，使学生熟悉办理船员换班的相关程序
实训时间	80分钟（建议）
实训地点	实训机房（建议）
实训素材	某船舶抵港后换班船员相关文件，以及业务情景假设
实训要求	通过角色扮演的方式，要求全体学生参与，熟悉船员换班的工作程序及注意事项。活动结束后，学生应绘制出：（1）办理船员换班所需资料清单；（2）船员换班程序流程图
实训步骤	（1）全班分5组，分别角色扮演综合服务人员、边检机关、换班船员、下船船员以及委托方/船东； （2）委托方/船东提出船员换班申请；综合服务人员索要换班船员与下船船员相关信息； （3）根据船员换班情况估算船员换班费用； （4）综合服务人员在边检机关办理船员登轮手续
评价方式	学生互评，教师点评

（二）实训素材

2023年10月5日，Tianjin Red Star Shipping Agency Co., Ltd. 收到来自 Victory Shipping Co., Ltd. 的英文邮件如下：

RE：M/V *PEACE* V. 815—ARRANGEMENT OF CREW CHANGE

Dear Sirs,

This is Victory Shipping Co., Ltd. as crew agent of M/V *PEACE* progress. The captioned vessel will arrive in Tianjin around Oct. 10th, 2023 according to owner's instruction. We intend to arrange crew change at Tianjin 2 person sign on and some others sign off.

Please kindly do us a favour to check and confirm whether you can guarantee crew change at Tianjin without Greek Visa.

Thanks/Best Regards.

参考文献

［1］陈静，张明齐，武莉．国际船舶代理业务双语教程［M］．南京：南京大学出版社，2019.

［2］陈静，张明齐．国际船舶代理实务［M］．北京：中国财富出版社，2013.

［3］范苗福．国际航运业务英语与函电［M］．大连：大连海事大学出版社，2000.

［4］潘全胜．船舶港口使费账单常见错误与预防对策［J］．水运管理，2010，32（1）：24－26.

［5］王学锋，汪爱娇．国际船舶代理业务［M］．北京：人民交通出版社，2010.

［6］徐秦．航运管理实务［M］．北京：人民交通出版社，2011.

［7］杨信红，郭会玲．船舶与船员管理［M］．北京：对外经济贸易大学出版社，2013.

［8］袁洪林．国际船舶代理业务实用英语会话［M］．大连：大连海事大学出版社，2007.

［9］中国船舶代理及无船承运人协会．国际船舶代理与无船承运业务实务英语［M］．北京：中国海关出版社，2009.